Monnica Hackl

IMMUNSCHUTZ FÜR DIE SEELE

Die wirkungsvollsten schamanischen
Techniken gegen negative Energien
und psychische Angriffe

Wilhelm Heyne Verlag
München

Das vorliegende Buch ist sorgfältig erarbeitet worden. Dennoch erfolgen alle Angaben ohne Gewähr. Weder Autorin noch Verlag können für eventuelle Nachteile oder Schäden, die aus den im Buch gemachten praktischen Hinweisen resultieren, eine Haftung übernehmen.

Sollte diese Publikation Links auf Webseiten Dritter enthalten, so übernehmen wir für deren Inhalte keine Haftung, da wir uns diese nicht zu eigen machen, sondern lediglich auf deren Stand zum Zeitpunkt der Erstveröffentlichung verweisen.

Verlagsgruppe Random House FSC®N001967

Taschenbucherstausgabe 01/2020

Copyright © 2013 by Ansata Verlag, München,
in der Verlagsgruppe Random House GmbH,
Neumarkter Straße 28, 81673 München
Alle Rechte sind vorbehalten. Printed in Germany.
Redaktion: Dr. Diane Zilliges
Illustrationen: © Markus Weber / Guter Punkt, München
Umschlaggestaltung: Guter Punkt, München, unter Verwendung
des Originalcovers von Reinert & Partner, München
Umschlagmotiv: © shutterstock
Satz: Christine Roithner Verlagsservice, Breitenaich
Druck und Bindung: GGP Media GmbH, Pößneck
ISBN 978-3-453-70380-3

www.heyne.de

Inhalt

Einleitung   9

Teil I – Das Wesen energetischer Angriffe   15

Schamanische Heilung und Schutz   17
Ein energetischer Angriff auf das Herz   18
Der Beginn eines neuen Weges   21

Was greift uns an?   24
Positive und negative feinstoffliche Energien   25
Bewusst ausgesendete negative Energien   26
Energievampire   28
Zauberlehrlinge: Angriffe aus der feinstofflichen Welt   32
Schwarze Magie   34

Warum wird jemand angegriffen?   38
Die Motive: Neid, Eifersucht, Hass   38
Unterschiedliche Gründe   40

Kann man sich selbst angreifen?   48
Jeder hat mal eine miese Zeit   49
Opfer-Mentalität   50
Schicksalsschläge   52

Wie kommt man zur richtigen Diagnose? 55
Checkliste zur Diagnose energetischer Angriffe 56
Das Ungewöhnliche ist ein deutliches Zeichen 58

Unterscheiden lernen: Ist das wirklich ein Angriff? 61
Das Quäntchen Vernunft 61
Angriffshysterie 66

Wann sind wir besonders anfällig? 72
Provozierte Angriffe 73
Irrtümer über Angriffe und Schutzmechanismen 75

Teil II Es gibt Hilfe – praktischer Schutz 79

Soforthilfe bei Angriffen 81
Die allerschnellste Hilfe 82
Schneller Schutz vor Energievampiren 83
Schutz durch Pflanzen und Wasser 90
Spiegel 97
Schützende Zeichen 98
Die Kraft der magischen Schilde 103
Die Rufe-es-Methode 107
Die Schutzpyramide 108
Schutz durch Worte und Musik 110
Der Blick nach vorn 116
Böse Frau spielen 118

Energetischer Schutz: Das Grundprogramm 120
Schritt 1: Belastende Energie abbauen 120
Schritt 2: Die Aura stärken 128

Schritt 3: Das innere Licht kultivieren   140
Geschenke der schamanischen Welt   146

Sich in der eigenen Wohnung wieder wohlfühlen   148
Technomantie   148
Kranke Räume heilen   151

Was nur ein Schamane oder Fachmann kann   154
Die Seelen Verstorbener geleiten   156
Magische Schutzschilde finden   158
Exorzismus   159
Verwünschungen aufheben   159
Die Wirkstätte des Negativen aufsuchen   161
Anhaftung von negativen Fremd- oder
   Eigenenergien lösen   161
Schamanen haben und hüten ihre Geheimnisse   168

Nachwort   171

Literatur   173

Über die Autorin   176

Einleitung

Um es gleich offen zu sagen: Ja, es gibt sie wirklich, diese Angriffe einer dunklen Energie, die von einem Menschen ausgesandt wird, um einen anderen zu treffen. Aber es gibt auch genügend Methoden, die diese Energien unschädlich machen und uns schützen können.

Wir Menschen haben Angst vor Bedrohung, wir fürchten Armut, Krankheit, Tod und Krieg. All das sind nachvollziehbare Ängste. Zugleich wächst die Angst vor unsichtbaren Dingen, vor Energien, die uns schädigen können. Ängste vor einer Art unheimlicher Magie, die uns im Leben blockieren kann.

Ich bin der Meinung, dass der Begriff »Magie« oder gar »Schwarze Magie« oft viel zu sorglos verwendet wird. Die Menschen werden hierzulande schließlich kaum von den Auswirkungen dunkler Rituale betroffen, sondern viel mehr von den tatsächlichen Auswirkungen der Kräfte, die von negativen Gedanken und Wünschen ausgehen, wie sie mental von Mitmenschen geschaffen wurden. Damit ist jene Negativität gemeint, die durch Emotionen wie Neid oder Eifersucht bei denjenigen entsteht, die gar keine magischen Kenntnisse haben. Das heißt nichts anderes als: Ständiger Groll und das Brüten über negativen Gefühlen, die auf einen anderen gerichtet sind, wirken wie eine physikalische Kraft, die sich sehr wohl schädlich auf andere auswirken kann. Magie ist dazu gar nicht nötig.

Sofort sind wir bei der Frage, ob es auch unbewusste energetische Schädigungen gibt. Ich sage: ja! Aber fast immer nur aus einem einzigen Grund. Nämlich dann, wenn ein Mensch krank oder schwach ist, sodass sein energetisches Defizit die Lebenskraft anderer wie ein Magnet ansaugt. Es ist dann einfach so, als ob die gesunde Energie ganz natürlich zur schwächeren hinfließt, um sie zu stärken. Dieser Fall ist insbesondere dann gegeben, wenn man sich dem kranken Menschen verbunden fühlt.

Etwas anders ist es bei Energievampiren. Sie haben es sich zur Lebenseinstellung gemacht, anderen Energie abzusaugen. Sie richten Schaden an, aber ohne dies willentlich dieser oder jener Person anzutun, sie wirken einfach auf all ihre persönlichen Kontakte energieziehend. Auch Personen, die aus einer Mischung von Neugier und Ignoranz mit Magie herumexperimentieren, können Schaden anrichten, ohne sich dessen wirklich bewusst zu sein. Das ist jedoch nur eine sehr kleine Zahl.

Überlieferte Sorgen

Wer sich mit der Vergangenheit und der Kulturgeschichte der Menschheit beschäftigt hat, weiß, dass diese Ängste vor energetischen Übergriffen nichts Neues sind. In allen Kulturen existierten teilweise bis heute überlieferte Methoden, mit denen man diese unsichtbaren Bedrohungen abzuwehren versuchte – um nur einige Beispiele zu nennen: im alten Ägypten, in Mesopotamien, in Afrika, Südamerika und China. Zahlreiche archäologische Funde belegen diese Praktiken. Immer gab es Experten, Schamanen, Zauberer oder Hexer, die auf beides spezialisiert waren: Sie konnten bösartige Angriffe neutralisieren sowie Bannsprüche und anderen Gegenzauber aussenden. Dementsprechend waren diese Menschen sowohl geachtet als auch gefürchtet.

Auch auf dem europäischen Kontinent lebten die Volksgruppen in Angst vor diesen Angriffen und suchten Schutz in Zauberformeln und Ritualen. Aus diesem uns vertrauten Raum habe ich die Inschrift des Steins von Gørlev aus dem 9. Jahrhundert ausgewählt. Sie ist in der Runenschrift des Futharks geschrieben und lautet:

THISTIL MISTIL KISTIL

Übersetzt wird das als »Distel-Mistel-Kistchen«. Das klingt unsinnig, ist aber eine Beschwörung, die uns zeigt, dass die damaligen Bewohner Dänemarks Angst vor den verstorbenen Seelen hatten, die aus dem Grab heraussteigen und sie schädigen konnten. Die Fachleute übersetzen diese Inschrift so: »Genieße die Ruhe in deinem Grab.« In unsere moderne Sprache übersetzt klingt das Ganze viel drastischer: »Bleib bloß unter diesem Stein liegen!«

All die Ängste vor den verschiedenen Bedrohungen aus den unsichtbaren Bereichen sind eng mit der Gedankenwelt des Schamanismus verbunden. Schamanen sind seit jeher besonders begabte und vom Schicksal ausgewählte Menschen, die mit ihren speziellen Fähigkeiten in die anderen Welten hineinsehen und dort wirken können. Und nicht nur das, dank ihrer besonderen Kräfte waren und sind sie auch in der Lage, negative Energien, die von Lebenden, Verstorbenen oder Flüchen ausgehen, zu neutralisieren und abzuwehren. Einige dieser Techniken sind noch heute gültig, und ich habe versucht, sie für dieses Buch in einen zeitgemäßen Kontext zu bringen und in eine moderne, verständliche Sprache zu übersetzen.

Was dieses Buch will

Dass die alten Ängste immer noch aktuell sind, zeigt mir auch der Rückblick auf meine lange Erfahrung im Praktizieren der schamanischen Medizin. Wenn ich allein an die Anzahl der Menschen denke, die über die Jahre in meiner Praxis Hilfe suchten und dabei äußerten: »Ich bin überzeugt, dass mir jemand übel will!«, weiß ich: Die Angst vor unsichtbaren, negativen Energien ist auch im 21. Jahrhundert präsent und wird zumindest von einem Teil der Bevölkerung ernst genommen. Aufgrund meiner Praxisarbeit kann ich diesen Menschen nur recht geben und bestätigen: Von denen, die heute physisch oder psychisch erkranken oder anderweitig irgendwie feststecken, leidet tatsächlich ein größerer Teil als vermutet unter negativen mentalen Energien, die von anderen gezielt ausgesandt werden.

Sogar ich bin manchmal geneigt, bei einem Patienten eher eine natürliche Störung zu vermuten als eine von außen kommende absichtsvolle Schädigung. Der Erfolg der schamanischen Behandlung belehrte mich dann aber in vielen Fällen eines Besseren.

Dieses Buch ist für diejenigen geschrieben, die im Alltag Angriffen auf ihre Seele ausgesetzt sind. Und für alle, die im Wissen um solche Gefahren ihre Seele schützen

und negative Energien klären möchten. Es will Ihre drängenden Fragen zu diesem Thema beantworten, Fragen wie:
- Gibt es diese unsichtbaren Bedrohungen wirklich?
- Gibt es so etwas wirklich, oder ist es nur das Echo unseres Nervensystems auf eine immer hektischere und drängendere Lebensweise?
- Wie erkenne ich, dass ich davon betroffen bin?
- Warum geschieht mir das?
- Welche Auswirkungen und Folgen können solche Angriffe haben?

Der praktische Teil des Buches beschäftigt sich dann mit den Lösungen:
- Gibt es einen besonderen Schutz?
- Wenn ja, was kann ich selbst tun?
- Wie können negative Energien gestoppt und unschädlich gemacht werden?
- Wie kann jemand, der von einer negativen Energie geschädigt wurde, wieder gesund werden?
- Wann muss ein Schamane eingreifen und welche Techniken kann nur er anwenden?

Hier finden Sie sehr wirkungsvolle Schutzmechanismen aufgezeigt, mit denen Sie sich selbst, Ihre Familie und Ihren Wohnraum schützen können. Meine Botschaft lautet: Angst ist der falsche Weg, sie kommt nämlich der Absicht des Angreifers entgegen. Stattdessen gibt es verschiedene Möglichkeiten, die Sie selbst lernen können, um sich vor negativen Energien und Angriffen wirkungsvoll zu schützen.

Teil I

Das Wesen energetischer Angriffe

Schamanen sind genau die Experten, die sich um die energetische Heilung und den Schutz ihrer Klienten bemühen. Und das nicht nur bei körperlichen Beschwerden, sondern gerade dann, wenn sie von negativen Energien befallen wurden, die für den »normalen« Menschen nicht sichtbar sind. Im ersten Teil des Buches möchte ich ihnen das Wesen solcher Energien, ihre Ursachen und Wirkungsweisen erläutern.

Schamanische Heilung und Schutz

Der Schamanismus entstand vor über 40 000 Jahren in der äußersten rechten Ecke unserer Landkarte, ganz weit oben in Sibirien. Dieses Gebiet ist geradezu prädestiniert für die Entwicklung paranormaler Fähigkeiten. Dazu muss man sich vorstellen, dass es dort ein halbes Jahr lang ziemlich dunkel ist, Eis und Schnee bedecken das Land die meiste Zeit über. Die Menschen, die hier leben, können nicht mal schnell ein paar Straßen weiter gehen, um einen Arzt oder eine Apotheke aufzusuchen, wenn sie krank sind. Auch in anderer Hinsicht, was beispielsweise die sie umgebende Natur und die Ernährung betrifft, sind sie mehr als eingeschränkt. Sie wurden von diesen schwierigen Umständen geradezu dazu gedrängt oder gar gezwungen, besondere Methoden zu entwickeln, mit denen Kranke geheilt, Schwache geschützt und Unglückliche psychisch aufgebaut werden konnten. So bildeten sich kleine Gruppen von besonders begabten Personen, Männern wie Frauen, die die Fähigkeit besaßen und weiterentwickelten, in Trance in das Körperinnere hineinzusehen, um festzustellen, was die Ursache für eine Gesundheitsstörung sein konnte. Waren es Geister, negative Emotionen von anderen Stammesmitgliedern oder parasitäre Eindringlinge, die den Kranken quälten? Je nach Diagnose nahmen sie Kontakt mit den

Natur- und Tiergeistern auf und fragten sie, ob der Patient sie etwa mit einer Handlung verärgert hatte und ob sie ihre Hilfe zur Heilung anbieten konnten. Noch heute leben im dortigen Gebiet Schamanen, die nach den altüberlieferten Zeremonien arbeiten, um Schaden von ihren Patienten abzuwenden und sie zu schützen.

Manche werden sich fragen, weshalb sich auch bei uns, hier und heute, Menschen für eine schamanische Behandlung interessieren und weshalb diese Art der Behandlung so gefragt ist. Daher ist es mir ein besonderes Anliegen, an mein zentrales Thema »Schamanische Heilung« anzuknüpfen, zu dem ich bereits ein gleichnamiges Buch veröffentlicht habe. Heilung und Schutz gehören aus meiner Sicht und nach meinen praktischen Erfahrungen eng zusammen. Krank wird man nur durch zwei Dinge: durch interne Faktoren wie die Gene und durch äußere Einwirkungen wie Stress, Keime, ungünstige Lebensweise, Gewalt sowie energetische und mentale Angriffe von anderen Personen. Ein Mensch, der sich energetisch angegriffen weiß, ist auch dann nicht gesund, wenn die Schulmedizin keinen genauen Befund erheben kann. Daher gehört es für mich zu einer Behandlung immer dazu, dem Betreffenden ein schützendes Feld mitzugeben, in dessen Rahmen er wirklich gesund werden kann. Wie ich das entdeckte, will ich hier kurz schildern.

Ein energetischer Angriff auf das Herz

Es ist tatsächlich so, dass ein Schamane beim Blick in den Organismus seines Patienten etwas sehen kann, das sich medizinisch nicht erklären lässt. Bei den Inuit sind das ihrer Kultur entsprechende Symbole – Geistwesen, Speere, angriffslustige oder verstimmte Tierwesen –, die alle Hinweise auf eine Erkrankung oder einen Angriff geben können. Die dortigen Schamanen wissen um die Bedeutung dieser Zeichen und richten ihre Rituale und Zeremonien danach aus.

Als ich selbst das erste Mal so etwas erlebte, fühlte ich mich noch sehr unsicher und zweifelnd, denn auf eine solche Erfahrung war ich nicht vorbereitet. Damals arbeitete ich viel mit einer schamanischen Technik, die Body Check genannt wird. Verständlicher ausgedrückt bedeutet das, einen Röntgenblick in den Körper hineinzuwerfen. Man berührt dabei die Person am Arm und begibt sich in Trance auf eine schamanische Reise in ihren Körper hinein, um die inneren Organe, das Muskel- und Skelettsystem zu beurteilen. Das funktionierte bei mir sehr gut. Dadurch konnte ich zuverlässige Informationen und Ratschläge weitergeben und den Betreffenden eventuell eine ärztliche Behandlung empfehlen, wenn die Zeichen dafür sprachen.

Eines Tages entdeckte ich zum ersten Mal etwas, das nichts mit einem Organ zu tun hatte. Eine Dame, die unter merkwürdigen Herzbeschwerden litt, war zum Body Check in die Praxis gekommen. Das Erste, was ich sah, waren Diphtherienarben auf ihrem Herzen, also einen medizinischen Befund. Sie bestätigte mir auch, diese Erkrankung als Kind gehabt zu haben. So weit war noch alles im Rahmen, aber dann nahm ich eine korpulente, weißhaarige Frau wahr, die auf dem Herzen meiner Patientin hin und her lief und eifrig mit einer Nadel an verschiedenen Stellen ins Fleisch stach. Das gehörte nun wirklich nicht hierher. Ich konzentrierte mich stärker und wiederholte die Reise mehrmals, aber das Bild blieb, obwohl es offensichtlich nicht in die menschliche Anatomie gehörte. Also vermutete ich den Fehler bei mir und meiner mangelnden Konzentration. Anscheinend waren irgendwelche Bilder, die ich einmal in den Medien gesehen oder geträumt hatte, aus meinem Sehhirn ins Bewusstsein gedrungen. Da half es leider nur, die Sitzung zu vertagen. Eine Woche später war die Dame wieder in München, und ich hatte die erneute Gelegenheit, in ihren Körper hineinzusehen.

Meine Enttäuschung war groß, denn wiederum bot sich mir derselbe Anblick. Doch diesmal hatte ich die starke Empfindung, dass die Frau mit der Nadel die Mutter der Patientin sein könnte, die ihre Tochter mit verletzenden Bemerkungen quälte und abwertete. Als ich ihr das Gesehene schilderte, fing sie an zu weinen und sagte, das sei schon ihr Leben lang so. Was auch immer sie tat, es war vergeblich, denn ihre Mutter zog stets den älteren Bruder vor und erkannte sie, ihren Beruf und ihre Arbeiten nicht an. Im Gegenteil, sie verletzte sie mit hässlichen Aussagen und Kommentaren. Dazu muss man sagen, die Patientin arbeitete als Universitätsprofessorin und hatte große wissenschaftliche Erfolge.

Hier war in der Tat etwas anderes als »nur« eine Diagnose gefragt, ich musste noch ein Zusätzliches tun, um dieses Bild im Zellgedächtnis zum Verschwinden zu bringen. Da ich wusste, dass es unsinnig ist, dem häufigen Wunsch der Patienten zu folgen und eine Belastung einfach »wegzumachen«, suchte ich in meinem schamanischen Repertoire nach einer Lösung. Und schließlich konnte ich mit einem gemurmelten Zauberspruch die Verletzungen der Mutter am Herzen meiner Klientin in eine andere, eine positive Energie umwandeln, sodass die Belastung verschwand. Die Patientin spürte augenblicklich einen belebenden Wärmeschub und fühlte sich wie befreit. Und sie wurde anschließend tatsächlich gesund, innerhalb der nächsten Wochen besserten sich ihre Beschwerden. Auch konnte sie weitere abwertende Äußerungen ihrer Mutter an sich abgleiten lassen, ohne dabei einen seelischen Schmerz zu empfinden.

Der Beginn eines neuen Weges

Dies war ein Schlüsselerlebnis, das meine Auffassung von Gesundheit und Krankheit und auch meine schamanische Arbeit entscheidend beeinflusste. Diese Frau litt nämlich offensichtlich weniger unter organisch bedingten Herzschmerzen als unter den seelischen Schmerzen, die ihre Mutter ihr seit Jahrzehnten zufügte. Vielleicht war es aber auch so, dass ihr durch Diphtherie vorgeschädigtes Herz unter den Sticheleien der Mutter besonders stark gelitten hatte.

Für mich aber war klar, dass sich hier ein neuer Kosmos im Körper des Menschen auftat! Es war anscheinend möglich, dass die Zellen sich bestimmte Erlebnisse merken konnten und eine Art Gedächtnis hatten. Und Wohlbefinden und Heilung traten nicht nur ein, wenn dem Körper geholfen wurde, sondern vor allem dann, wenn das Zellgedächtnis von den psychischen Erlebnissen befreit wurde, die es belastet hatten.

Unter dem Eindruck dieser Erfahrung konnte ich im Verlauf einiger Jahre meine ganz besondere Art schamanischer Heilbehandlung entwickeln, die ich auch heute noch praktiziere.[1] So erlebte ich an vielen Patienten, dass eine leidvolle Prägung im Zellgedächtnis nicht jedes Mal auf verdrängte Erlebnisse hindeutete. Nein, es schien mit diesen belastenden Erfahrungen vielmehr so zu sein wie mit einer körperlichen Narbe, die zum Beispiel von einer Blinddarmoperation herrührte: Das Geschehen war schon lange verarbeitet und vergessen, aber die Narbe konnte man noch Jahrzehnte später mehr oder weniger stark sehen. Und ebenso wie manche Operationsnarben ein Störfeld im Körper auslösen, lösen auch manche psychischen Narben Unbehagen oder Gesundheitsstörungen aus, selbst wenn der Anlass schon weit zurücklag.

Mein neues Konzept wurde von einigen Schulmedizinern aufgegriffen, die daran interessiert waren, hinter die feinstofflichen Ursachen von unterschiedlichen Erkrankungen bei ihren Patienten oder bei sich selbst zu kommen. Sie baten mich, einige Personen, bei denen ihre medizinische Behandlung nicht anschlug, schamanisch zu durchleuchten, um auf diese Art und Weise herauszufinden, weshalb sie nicht weiterkamen und welche anderen Gründe hinter den Beschwerden steckten. Und so bekam ich viele, viele Male die Chance, unter schulmedizinischer Aufsicht schamanisch zu behandeln. Daher kann ich heute auf lange Jahre eines fruchtbaren Austauschs mit denjenigen unter den Ärzten blicken, die solchen unsichtbaren Dingen gegenüber aufgeschlossen waren. Aufgrund der Erfahrungen, die ich damit machte, habe ich eine große Sicherheit gewonnen und weiß, dass

---

[1] Dies beschreibe ich ausführlich in meinem Buch *Schamanische Heilung* (Ansata, 2011).

sich Schulmedizin und naturheilkundliche oder eben speziell schamanische Therapien und Methoden sehr gut ergänzen können. Den Kranken kommt das sehr zugute, und als Therapeut kann man nur daraus lernen. Es gibt so viele Auslöser, die die Gesundheit eines Menschen beeinträchtigen können. Und um sie soll es im nächsten Kapitel gehen.

Was greift uns an?

Wenn wir das Wort »Angriff« hören, denken wir sofort an einen Kampf oder eine Schlägerei, jedenfalls an eine tätliche Auseinandersetzung, deren Auswirkung den Opfern deutlich anzusehen ist. Denn unter einem erfolgreichen Angriff verstehen wir meist eine Handlung, die am Körper äußerlich sichtbare Spuren hinterlässt: die Wunde eines Messerstichs, einer Kugel, Hautabschürfungen, Kratzer, blaue Flecken oder die rote Backe nach einer Ohrfeige. An diesen deutlichen Zeichen kann jeder erkennen, dass eine zerstörerische Kraft auf eine Person eingewirkt hat.

Im energetischen Bereich geht es jedoch um etwas ganz anderes. Dort ist die von vielen Menschen am meisten gefürchtete Aggression, nämlich eine besondere Art von Beeinflussung, äußerlich nicht zu erkennen. Diese Art von Angriff ist hauptsächlich psychisch zu spüren, aber nicht nur das. Sie kann sich auch körperlich auswirken und die gesamten Lebensumstände negativ verändern. Genau von diesen Dingen soll in diesem Buch die Rede sein.

Was darf man sich genauer darunter vorstellen? Schäden, die von Angriffen herrühren, die wir als feinstofflich bezeichnen, sehen ganz anders aus als die, die durch materielle Attacken verursacht wurden. Denn wenn wir die offensichtlichen Auslöser für Erkrankungen oder Verletzungen – wie genetische Disposition, schlechte Ernährung und Lebensführung, Raufereien, Stress oder Unfälle – ausklammern und uns auf das schamanische Terrain begeben, dann wirken nur noch für das normale Auge unsichtbare Energien. Energien an sich bedeuten nichts Schlechtes, sie sind sogar etwas, von dem wir andauernd umgeben und dem wir jede Minute ausgesetzt sind. Die natürlichen Gegebenheiten unserer Welt, Wind, Luftdruck, Hitze, das Magnetfeld der Erde, die kosmischen Strahlungen, all das sind Energien, die uns unaufhörlich umfließen. Energien, die vom Menschen gebündelt und genutzt werden, gehören ebenfalls zu unserem Umfeld: Starkstrom, Funk- und technisch genutzte Magnetstrahlung beispielsweise. Auch die Medizin verwendet Strahlen beim Röntgen, bei der MRT (Magnetresonanztomografie), der CT (Computertomografie) und anderen bildgebenden Verfahren – also unsichtbare Energien. Wir Menschen befinden uns schon von der Zeugung an stets in solchen energetischen Feldern.

Positive und negative feinstoffliche Energien

Wie bei jeder Art von Energie sind auch diese unsichtbaren Kräfte in zweierlei Gestalt zu erfahren: Es gibt wohltuende und schädigende Energien. Das beginnt schon in der Natur. Jedermann kennt positiv strahlende Plätze oder Orte, an denen er sich besonders wohlfühlt und an denen er sich stundenlang aufhalten könnte. Die Zeit scheint wie im Flug zu vergehen, und jeder Besuch dort lässt eine Frische und ein Glücksgefühl zurück, das eine gewisse Zeit anhält.

In gleicher Weise kann man auch das Gegenteil erfahren. An Plätzen, die eine negative Ausstrahlung haben, bemerkt der aufmerksame Beobachter zunächst eine unbestimmte Unruhe, er muss sich dauernd bewegen, manchmal beginnen einige Muskeln oder Gelenke zu schmerzen und der Solarplexus zieht sich zusammen. Wer sich, seinen Körper und seine Gedankenwelt gut kennt, kann auch spüren, wie sich einzelne negative und niederdrückende Gedanken einschleichen, die allmählich übermächtig werden. Spätestens wenn ziehende Schmerzen oder ein leichter Magenkrampf oder Schwindel auftritt, sollten die Alarmglocken schrillen. Dann heißt es nur: schnell weg von diesem Platz! Bis sich die Symptome beruhigt haben, dauert es eine Weile, denn die negative Energie baut sich nur langsam wieder ab. Meist vergeht etwa eine halbe Stunde, bis die aufgewühlten Frequenzen sich wieder beruhigt haben.

All das spielt sich noch im natürlichen oder technischen Rahmen ab, und jeder, der sich in ein positives oder negatives Strahlungsfeld begibt, wird über kurz oder lang dessen Auswirkungen verspüren. Eines ist all den bisher geschilderten unsichtbaren Kräften gemeinsam: Sie wurden ganz bestimmt nicht abgeschickt, um uns bewusst anzugreifen und zu schädigen.

Bewusst ausgesendete negative Energien

Und genau das ist der große Unterschied zu den Energien, die Menschen in der vollen Absicht aussenden, um einen anderen zu beeinträchtigen. Gefühle wie Hass, Neid oder dumpfer Groll, die unentwegt auf eine Person gerichtet werden, ballen sich zu einer intensiven dunklen Wolke zusammen, die auf ihr Ziel trifft und es zu schädigen versucht. Es sind also weder natürliche noch technische, sondern ausschließlich emotionale Energien, die einen Menschen mit Absicht treffen. Das bedeutet nicht mehr und nicht weniger, als dass ganz bewusst Gefühle ausgesandt werden, die eine stark negative Ladung haben. Wenn diese Art von psychischer Energie auf einen Organismus trifft, so wird er das ganz sicher zu spüren bekommen. Er wird darunter leiden, und zwar umso schwerwiegender, je länger er dieser Beeinflussung ausgesetzt ist.

Ein kaum zu begreifender Vorgang? Meine schamanische Arbeit mit Patienten, die ich immerhin schon dreißig Jahre lang ausübe, hat mich dazu geführt, solche Phänomene vollkommen nüchtern zu betrachten. Sie sind weder geheimnisvoll noch mystisch, sondern auch diese Kräfte folgen, wie alle anderen Energien, den Gesetzen der Physik.

Schon bei technischen oder natürlichen Strahlungen, die leicht naturwissenschaftlich zu erklären sind, tun sich die Menschen, die besonders sensitiv sind und darunter leiden, schwer, Hilfe zu finden. Bei der Suche nach einer Therapie für ihre Beschwerden werden sie oft belächelt oder verspottet und für psychisch unausgeglichen gehalten. Umso mehr gilt das für Personen, die von negativen emotionalen Energien angegriffen sind und verzweifelt nach Abhilfe suchen. Wenn sie zu einer schamanischen Behandlung in meine Praxis kommen, haben sie meist einen längeren Leidensweg hinter sich. Da sie von schulmedizinischer Seite das Etikett »auffällig« bekommen haben, können sie oft eine Verordnung von Psychopharmaka vorweisen, die von leichten Antidepressiva bis hin zu Medikamenten gegen Halluzinationen und Schizophrenie reicht. Falls energetische Heiler aufgesucht wurden, war das Ganze meist noch komplizierter: Im Zweifelsfall wurden zahlreiche teure Sitzungen und esoterische Schutzobjekte angeboten und verkauft, was jedoch an der Befindlichkeit des Patienten wenig änderte.

Energievampire

Die mildeste Form der Fremdbeeinflussung hat sicherlich jeder Mensch schon einmal am eigenen Leib verspürt. Es handelt sich dabei um Kontakte mit Personen, die allgemein als Energiefresser oder Energievampire bezeichnet werden. Die Berichte gleichen sich alle: Man hat Besuch oder ist auf einer netten Party und unterhält sich angeregt. Aber man wird schwächer und schwächer, fühlt sich immer unwohler und denkt an Flucht. Schließlich hat man nur noch den Wunsch, nach Hause zu gehen oder den Besuch loszuwerden. Das Rauben von Energie funktioniert sogar über das Telefon, wie mir sicher viele bestätigen können. Der Anruf eines bestimmten Freundes oder einer Verwandten wird schon gefürchtet, weil man sich anschließend so richtig fertig und ausgelaugt fühlt. Und das, obwohl der oder die andere selbst gar nicht körperlich anwesend ist.

Mangelnde Eigenverantwortung

Bei solch einem Geschehen kann man sicher sein, dass es sich nicht um bewusste Angriffe auf die Lebensenergie oder sogar um so etwas wie Schwarze Magie handelt. Nein, es ist einfach eine häufige Lebenseinstellung, die hier wirkt. »Vampire« haben nämlich die unbewusste Auffassung, dass andere an ihren Lebensumständen schuld sind. Was so erschöpfend wirkt, ist die Angewohnheit, dass sie bei anderen ihren Müll und ihre Frustrationen abladen und sie ihnen gleichsam anklagend vor die Füße kippen. Es ist auch viel praktischer, auf diese flotte Art und Weise Ballast und Ärger loszuwerden. Die Vorstellung, sein Leben selbst in die Hand zu nehmen und selbst etwas anzupacken, um eine positive Veränderung zu bewirken, scheint ihnen viel zu mühsam. Denn dafür müssten sie über sich selbst nachdenken, wohl manches infrage stellen und sich in einigem ändern. Das ist ziemlich unbequem, und außerdem beraubt man sich so der Möglichkeit, dass jemand Mitleid zeigt und aus einem schlechten Gewissen heraus Hilfe anbietet. Diese Personen nehmen sich das Recht heraus, andere auszunutzen und deren Energie zu nehmen, die ihnen ihrer Meinung nach sogar zusteht. Das geschieht so automatisch, wie Wasser bergab fließt. Genau so fließt Ihre hochwertigere Energie zu der niedriger schwingenden Energie eines solchen Vampirs hinab. Wie Sie sich effektiv vor Energievampiren schützen können, erfahren Sie im Praxisteil, insbesondere im Kapitel »Soforthilfe bei Angriffen«.

Energieraub in Beziehungen

Nur kurz möchte ich auf die kraftraubenden und schwächenden Interaktionen eingehen, die nur in Beziehungen stattfinden können. Es handelt sich dabei um eine Mischung aus Abhängigkeit, Bedürftigkeit und Manipulation, wie sie in Familien, zwischen Ehepartnern oder in anderen persönlichen Verhältnissen vorkommt. Kinder, die den Ansprüchen ihrer Eltern genügen wollen, oder umgekehrt; Partner, die manipulieren, um eine für sie praktische Abhängigkeit zu festigen; unsichere Personen, die versuchen, entgegen ihren eigenen Bedürfnissen andere zufriedenzustellen, wie es beispielsweise zwischen Chef und Angestellten vorkommt.

Solch ein Ungleichgewicht entsteht auch dann, wenn eine Person die eigenen unerfüllten Wünsche auf eine andere projiziert und wie ein Parasit durch sie lebt. Das ist zum Beispiel die Mutter, die ihre kleine Tochter ins Ballett drängt, weil sie selbst kein Talent zum Tanzen hatte. Doch im Leben muss man auch Dinge abhaken können, verpasste Chancen loslassen oder eine Scheidung oder eine erlittene Ungerechtigkeit hinter sich lassen und weitergehen können. Wer solche Angelegenheiten jahrelang mit sich herumschleppt und sie immer wieder zum Thema macht, erweckt schädigende Energien zum Leben, die sonst schon längst hätten erlöschen können. Durch solche Angewohnheiten greift er andere und sich selbst so an, dass der Energielevel deutlich sinkt.

Die Leidtragenden in diesen Beziehungen wirken daher sehr erschöpft, sie haben oft eine glanzlose, gelbliche Haut und bewegen sich von einem bestimmten Zeitpunkt an am Rande eines Burn-outs. Ganz typisch ist, dass sie sich mit einem Schlag ganz auffallend wohl und kraftvoll fühlen und zu eigener Kreativität und Initiative finden, wenn der entsprechende Beziehungspartner verreist ist. Wenn sie das erleben, erkennen viele erstmalig, dass in dem Verhältnis zu der betreffenden Person etwas nicht stimmt. Ich weiß von Menschen, die erst nach einer solchen, oft berufsbedingten Trennung, zu genug Initiative fanden, um sich endlich selbst aus diesem Beziehungsnetz zu befreien.

Im Allgemeinen wird bei derartigen Problemen entweder eine Psychotherapie oder eine Verhaltenstherapie empfohlen. Nicht immer führen sie zum erwünschten Ergebnis, denn häufig bleibt der Patient in einer »Ja, aber«-Situation stecken. Das bedeutet, dass er die bewussten oder unbewussten Wünsche des dominanten Partners so sehr internalisiert hat, dass er den Mut zu einer klaren Disposition nicht finden kann. Hier kann es hilfreich sein, einen schamanischen Behandler aufzusuchen, um diese innere Beeinflussung aufzulösen. Denn der Schamanismus kennt genügend Methoden und Wege, die aus diesem Dilemma herausführen.

Es gibt in zwischenmenschlichen Beziehungen verschiedene Möglichkeiten, andere energetisch zu beeinträchtigen. Letztlich zeigt sich auch eine zunehmende Profanisierung der Magie, man braucht sich nur die Titel der Vielzahl von Büchern, die sich damit befassen, anzusehen. Worte wie »Fluch«, »Schwarze Magie« oder »Voodoo« kennt jeder Teenager. Und natürlich wird gern mit diesen Dingen experimentiert. Personen, die unsere Lebensenergie schwächen oder uns angreifen, sind aber in der Regel einfach unausgeglichene und übelwollende Mitmenschen, die mit sich selbst nicht zufrieden sind. Die meisten psychischen Angriffe entstehen hauptsächlich aus zwei Gründen: Neid oder Hass. Wodurch und wie sie geschehen, wird im folgenden Kapitel »Warum wird jemand angegriffen?« erklärt.

Zauberlehrlinge: Angriffe aus der feinstofflichen Welt

Eine weitere Ursache, aufgrund der jemand angegriffen wird, geschieht beinahe versehentlich. Trotzdem kann dieses unbeabsichtigte Missgeschick sehr unangenehme Folgen für den Betroffenen haben. Besonders von Jugendlichen, die an Magie interessiert sind, oder Personen, die von sich glauben, eine außergewöhnliche esoterische Begabung zu haben, geht diese Art von Bedrohung aus. Und sie nimmt ihren üblen Verlauf nicht aus bösem Willen, sondern eher aus einer maßlosen Ignoranz. Die entsprechenden Menschen sind ungeheuer neugierig darauf, magische Effekte und Wirkungen zu beobachten und auszuprobieren, was man damit anstellen kann. Dabei werden die Wirkungen gern unterschätzt. Also wird mit automatischem Schreiben, Symbolen, Zaubersprüchen, Tischerücken, Wahrsagekarten und so weiter herumgespielt.

Die »Zauberlehrlinge« denken aber nicht daran, dass sie sich mithilfe dieser Praktiken in eine bestimmte Art von Schwingung hineinbegeben, von der vor allem Wesenheiten und Elementale angezogen werden können, die sehr niedrige und ungeklärte Frequenzen haben. Diese feinstofflichen Wesen hängen sich an diese Menschen oder deren »Versuchspersonen« und erzeugen Halluzinationen, beängstigende Geräusche und Panik. Die Folge davon ist, dass die Betroffenen immer schwächer und ängstlicher werden, überall Gespenster und Geister zu sehen glauben und sich von ihnen verfolgt wissen. Wahrlich kein schöner Zustand. Das Beste wäre, von diesen »übernatürlichen« Sachen zu lassen und Quija-Brett,

Wahrsagekarten und andere magische Hilfsmittel sofort in der Mülltonne zu entsorgen. Aber meist ist die Faszination an dieser Zwischenwelt so groß wie die Unvernunft, und so entschließen sich nur wenige, von diesen Zaubereien zu lassen.

Dann aber befindet sich auch der schamanische Behandler in einer ziemlich unerfreulichen Situation: An sich ist es leicht möglich, den Betroffenen zu helfen und sie von den Anhaftungen zu befreien. Dagegen aber steht der Sog dieser Zauberei, der zur Wiederholung verführt. Eine Mischung von Neugier und Machtgefühl, die zur Aufnahme dieser Praktiken drängt, führt leider allzu oft auch dazu, dass der Klient nach kurzer Zeit mit ähnlichen Problemen wiederkommt.

Wie ich aus meiner Praxistätigkeit weiß, geschieht dasselbe, also das Anhaften von niedrigen Wesenheiten, übrigens nicht selten während der Teilnahme an Kursen mit esoterischen oder magischen Inhalten. Meist sind sich die Anbieter nicht klar darüber oder es ist ihnen nicht wichtig, wie es um das Klientel bestellt ist, das zu den Lehrgängen kommt. Auch Übergriffe einzelner Teilnehmer untereinander sind möglich. Ich habe Patienten erlebt, die etwa siebenmal im Jahr immer mit den gleichen sehr unangenehmen Belastungen zu mir kamen. Wenn ich sie dann schamanisch begutachte, stelle ich bei diesen Kandidaten zwei Fragen: »Seit wann haben Sie die Beschwerden?« Und: »Wo waren Sie?«. Die Antwort kommt wie erwartet: Irgendein Kursus, um Geistheiler zu werden, Transformation zu erfahren, schamanische Rituale zu zelebrieren oder Kartenlegen zu praktizieren, wurde besucht. Schon während des Seminars fühlten sie sich meist ganz plötzlich schlechter, ihnen wurde übel oder sie bekamen Angst. Die Anhaftungen von niedrigen Energien sind für den Betroffenen sehr unangenehm, und ein Schamane hat einiges zu tun, um sie ihnen wieder abzunehmen.

Schwarze Magie

Es gibt sie, die Schwarze Magie, in ihrer ursprünglichen Bedeutung. Aber sie ist sehr viel seltener, als befürchtet wird. Denn eigentlich sind damit umfangreiche magische Rituale und Formeln gemeint, die auf vermeintliche oder tatsächliche Gegner gerichtet werden, um sie zu schädigen. Die meisten Menschen gebrauchen den Begriff heute etwas leichtfertig, um eine psychische negative Einwirkung von übel gesinnten Personen zu beschreiben. Dies ist gewiss eine sehr unangenehme Belastung, hat aber mit Schwarzer Magie nichts zu tun.

In alten okkulten Texten wird fast immer empfohlen, eine Art Grenze zwischen sich und einen magischen Angreifer zu legen. Das gehört gewissermaßen zu den Sofortmaßnahmen der Ersten Hilfe bei einem Angriff von negativer Energie. Die okkulte Forscherin und Lehrerin Dion Fortune erklärt in ihren Schriften einige Methoden, mit denen es möglich ist, einem Angreifer Grenzen zu setzen. Bei einer besonders schweren Form von Angriffen hält sie einen Umzug an einen geheim gehaltenen Ort, bei dem man nichts von seinen Sachen mitnehmen darf, für die beste Maßnahme.[2] Ich kann mir kaum vorstellen, dass ein Mensch so ein Vorhaben durchsetzen

---

2 Dion Fortune: »Selbstverteidigung mit PSI«, Seite 133

kann oder will. Das käme einer wirtschaftlichen und sozialen Katastrophe gleich, wie wir sie sonst nur von den Asylsuchenden und Vertriebenen der Kriege her kennen. Ich denke, dass diese radikale Maßnahme zu stark in die persönliche Geschichte eingreift und dass eine solch brutale Umstrukturierung in einem Menschen und seiner Familie nichts Gutes auslöst.

Dennoch halte ich die Idee einer unsichtbaren Grenze für richtig und wichtig. Und ich möchte Ihnen im Praxisteil dieses Buchs verschiedene Möglichkeiten vorstellen, die Sie verwenden können, um Übergriffe abzuwehren. Denn es ist viel praktischer, sich mit einem gewissen Rüstzeug auszustatten, das in solchen Situationen schützt. Noch besser ist es, wenn sich Menschen, die aufgrund bestimmter Fähigkeiten oder Eigenschaften immer wieder angegriffen werden, sich routinemäßig mit den im Praxisteil genau beschriebenen Übungen der Abwehr beschäftigen, vor allem mit dem Grundprogramm für den energetischen Schutz.

Fallgeschichte: Schwarze Magie

Den schlimmsten Fall Schwarzer Magie behandelte ich vor einigen Jahren in meiner Praxis. Eine Dame, die in einem südamerikanischen Land beruflich über längere Zeit zu tun hatte, litt unter ganz schrecklichen Symptomen: an Angst, diversen Gesundheitsproblemen, unerklärlichen Schmerzen und Schlaflosigkeit, Schweißausbrüchen, zudem misslang ihr beinahe alles, was sie anpackte. Als sie in ihrem Kopfkissen einige magische Objekte entdeckte, die aus ihren Haaren, abgeschnittenen Fingernägeln und gebrauchter Kosmetikwatte gefertigt waren, reiste sie entsetzt zurück nach Deutschland und kam verzweifelt in meiner Praxis an. Ich entdeckte bei meiner schamanischen Reise, die ich für sie unternahm, dass sie ziemlich blauäugig in dieses Land gekommen war, nicht auf ihren persönlichen Abfall geachtet und ihre Angestellten harsch zurechtgewiesen hatte. Sie hatte ein für dieses Land inadäquates Benehmen gezeigt, ein Fehler, der jedem passieren kann, der sich nicht genügend über die örtlichen Sitten und Gebräuche informiert. Aber es genügte natürlich nicht, ihr das mitzuteilen, sondern dieser Bann musste gebrochen werden. Derartige Angelegenheiten gehören in die Hände von erfahrenen Schamanen. Ich möchte hier nur so viel sagen: Es gelang, sie zu befreien, und auch ich war nach dieser belastenden Sitzung ziemlich erschöpft.

Achten Sie auf Ihren Abfall

Gewöhnen Sie sich am besten an, auf bestimmte Punkte zu achten, insbesondere auf Reisen. Sorgen Sie dafür, von Anfang an eine unüberwindliche Grenze zu schaffen, indem Sie Objekte, die mit Ihrem Körper verbunden sind, nicht offen herumliegen lassen. Sie könnten missgünstigen Mitmenschen einen Zugang zu Ihrer Energie ermöglichen. Daher empfehle ich dringend, in Ländern, in denen es an der Tagesordnung ist, tatsächlich Schwarze Magie zu betreiben, sehr aufmerksam auf Ihren Abfall zu achten. Eine gewisse Sorglosigkeit damit kann Sie dort in ernste Schwierigkeiten bringen. Körperelemente wie Haare, Schuppen, abgeschnittene Nägel und Ähnliches sollten nicht ungeschützt im Müll landen. Auch Artikel, die mit Körperausscheidungen in Kontakt kamen wie

Kondome, verschmutzte Unterwäsche, Tampons oder Verbandsmaterial gehören dazu. Bürsten, Kämme und Waschbecken sollten stets sauber und frei von Haaren gehalten werden. Obwohl mir hierzulande kaum die Gefahr echter Schwarzer Magie droht, wickele ich Haare und andere Gegenstände zuerst fest in Papier ein, bevor ich sie im Abfalleimer entsorge. Auch getragene Unter- oder Nachtwäsche stecke ich lieber selbst in die Waschmaschine. Nicht aus Furcht vor einem Angriff, sondern weil ich den Personen, die zu Hause oder im Hotel Zugang zu meinen Räumen haben, negative Gefühle ersparen möchte. Denn auch über Gefühle wie Ekel oder Ärger wird über diese Objekte ein Kontakt zum »Besitzer« hergestellt, die ein sensibles Naturell sehr wohl wahrnehmen kann. Da seit einigen Jahren auch bei uns im Internet oder in Spezialbuchhandlungen spezifische Anleitungen zu schwarzmagischen Aktivitäten erhältlich sind und sich immer mehr Menschen von solchen Experimenten angezogen fühlen, möchte ich diese Vorsichtsmaßnahmen weiterempfehlen.

Grundsätzlich aber sollte man magischen Angriffen keine so übergeordnete Macht in seinem Leben einräumen. Menschen, die sich grundlos und häufig angegriffen fühlen, leiden fast immer an einer psychotischen Erkrankung. Denn keine Magie ist so mächtig, dass sie nicht gebrochen werden könnte!

Warum wird jemand angegriffen?

Die Motive: Neid, Eifersucht, Hass

Zu diesem Thema gibt es eine beeindruckende uralte Geschichte. In der Mentalität vieler moderner Menschen sind die in ihr geschilderten Zusammenhänge nicht mehr bewusst verankert, sondern schweben nur noch wie der Bodensatz einer fernen Erinnerung durch die Träume. Wie die meisten Weisheitslehren ist auch diese Sequenz vor etwa viertausend Jahren im Vorderen Orient entstanden. Dabei wird in dieser kurzen Geschichte genau analysiert und in kraftvollen Bildern geschildert, aus welchem Grund negative Energien und Angriffe auf bestimmte Personen gerichtet werden. Es sind heute noch ganz genau dieselben wie vor ein paar tausend Jahren!

Im Himmel lebte ein wunderschöner Engel, so strahlend, dass er »Licht des Morgensterns« genannt wurde. Er stand allen anderen Engeln vor, besaß Wissen und große Macht. Nur eines fehlte ihm: Er war nicht Gott. Da ergriff ihn sein Stolz, er hatte alle notwendigen Eigenschaften wie Macht, Weisheit und enorme geistige Fähigkeiten. Warum sollte er noch jemanden über sich dulden, warum konnte er nicht Gott sein? Zerfressen von dem Gefühl, benachteiligt zu sein, und voller

Neid auf seinen Schöpfer, wiegelte er die anderen Engel auf und wollte sie zu einem Aufstand gegen Gott verleiten, um sich selbst an seine Stelle setzen zu können. Ihm schloss sich eine große Anzahl von Engeln an, die sich aufmachten, Gott von seinem Thron zu stürzen.
In diesem Moment betrat ein anderer Engelsfürst die Bühne, Michael genannt. Sein Name bedeutet auf Hebräisch »Wer ist wie Gott«. Und der berühmte Engelsturz nahm seinen Verlauf. Mit dem Ruf »Wer ist wie Gott« und seinem erhobenen Flammenschwert verwies Michael die aufständischen Engel aus dem Himmel, sodass sie in die Tiefe stürzten.

In dieser Geschichte sind alle Elemente enthalten, die uns erzählen, warum jemand angegriffen wird: Neid, Eifersucht und Hass. Neid und Eifersucht entstehen dadurch, dass ein anderer etwas hat, das man selbst auch haben möchte und ihm nicht gönnt. Hass kann daraus erwachsen. Er hat aber unterschiedliche Ursachen und kann unter Umständen sogar eine wichtige Emotion sein. Wenn jemand beispielsweise beobachtet, wie ein Kind misshandelt wird, steigt sofort ein natürliches Hassgefühl auf den Angreifer in ihm auf. Dadurch wird viel Kraft und Mut mobilisiert, mit denen er das Opfer unter Umständen retten kann.

Eine andere Art von Hass entsteht, wenn jemand ein Unrecht, das ihm zugefügt wurde, nicht vergessen kann und dadurch dem Verursacher mit seinem Hass verbunden bleibt. Dasselbe gilt für Fanatiker, deren Lebensinhalt es ist, anders Denkende oder ethnisch Fremde zu zerstören. Damals wie heute! Das Gleichnis lehrt uns auch: Selbst Intelligenz und spirituelle Entwicklung sind keine Garantie dafür, sich sein ganzes Leben lang nur auf der lichtvollen Seite des Lebens zu bewegen. Wie oft kommt es vor, dass sich gerade sehr kluge und geistig entwickelte Menschen von der Aussicht auf Macht, Ruhm oder Geld verführen lassen und sich auf die dunkle Seite schlagen? Je intelligenter sie sind, desto besser beherrschen sie die Technik der Täuschung und können ihre tatsächlichen Ziele lange verschleiern. Natürlich stimmt es traurig, zu beobachten, wie jemand bei dieser Gratwanderung zwischen Gut und Böse eine Zeit lang hin- und herwankt, um sich dann für den negativen Pol zu entscheiden. Aber so ist das mit dem freien Willen. Ein Zurück ist zwar jederzeit möglich, passiert aber leider selten.

Unterschiedliche Gründe

Diese uralte Geschichte lehrt uns auch noch etwas anderes, nämlich dass ein magischer Angriff immer einen Grund hat. Und deshalb ist auch stets meine erste Frage, wenn jemand zu mir kommt, damit ich eine Verfluchung oder eine energetische Belastung auflöse: »Gibt es irgendeinen Anlass dafür?« Ohne einen speziellen Grund gibt es nämlich keinerlei sogenannte Schwarze Magie. Das muss aber nicht bedeuten, dass das »Opfer« selbst schuld ist, etwas Schlimmes angestellt oder den »Täter« auf irgendeine Weise angegriffen hat. Es genügt vollkommen, dass es etwas besitzt, das ein anderer für sich selbst haben möchte. Dabei geht es nicht immer um materiellen Besitz, sondern oft um immaterielle Werte. Um Talent, Erfolg, um Macht, eine glückliche Partnerschaft, gutes Aussehen, Gesundheit und so weiter. Natürlich gibt es auch die klassischen Gründe, um einen anderen zu hassen, zum Beispiel eine Erbschaftsstreitigkeit, bei der eine Partei benachteiligt oder übergangen wird, oder Konkurrenz im beruflichen Sektor.

Fallgeschichte: Psychischer Angriff auf einen Sänger

Einige Jahre lang behandelte ich in meiner Praxis mehrere Sänger der Staatsoper. Dabei habe ich viel gelernt. Verständlicherweise kamen die Sänger, weil mit ihrer Stimme etwas nicht in Ordnung war. Sie waren heiser, die Stimme hatte an Brillanz verloren oder das Timbre (Klangfarbe) hatte sich unvorteilhaft verändert. Alle kamen erst, nachdem sie ein erfahrener Hals-Nasen-Ohren-Arzt, der auf die Behandlung von Sängern spezialisiert war, untersucht und ohne Erfolg zu therapieren versucht hatte. Aus diesem Grund konnte ich sicher sein, dass kein gesundheitliches Problem vorlag, und beruhigt eine schamanische Sitzung durchführen. Anfangs konnte ich es meist kaum glauben, was ich im schamanischen Bewusstseinszustand sah: Es waren die Bilder von brutalen energetischen Angriffen auf die Kehle der Patienten.

Besonders in Erinnerung geblieben ist mir die Geschichte von einem bestimmten Künstler. Dieser Sänger, ein Hüne von Mann, kam völlig aufgelöst in meine Sprechstunde. Mitten in den Proben zu einer Oper hatte ihm die Stimme versagt und der gefragte, kraftvolle Mann gab nur noch höchst unvollkommene Laute von sich. Er rief völlig verzweifelt an, denn sein HNO-Arzt hatte gesagt, er könne sich den Stimmverlust nicht erklären. Weder sei eine Erkältung noch eine Entzündung der Stimmbänder noch irgendeine andere Erkrankung zu finden. Er hatte ihm deshalb empfohlen, sein Engagement aufzugeben und damit natürlich auch seine Karriere zu beeinträchtigen oder gar zu beenden. Ich sah während der schamanischen Behandlung, dass ein Kollege, der als Zweitbesetzung vorgesehen war und seinen Part übernehmen wollte, eine Ladung negativer Energie auf ihn gesandt hatte. Diese Ladung war durchtränkt mit dem intensiven Wunsch, mein Patient solle krank werden und nicht mehr singen können. Das Bild des Angriffs zeigte sich deutlich: Ein Mann hatte ihm seine Hände um den Hals gelegt und war dabei, ihn heftig zu würgen. Dem Sänger war sofort klar, um wen es sich handelte. Sein Kontrahent hatte sogar eine offene Auseinandersetzung mit ihm angefangen und ihn während der ganzen Zeit seines Engagements belästigt. Den Angriff konnte ich mit einer schamanischen Technik in einer halben Stunde löschen. Als er aufgelöst war, fühlte sich der Mann sehr erleichtert. Seine Stimme klang zwar immer noch unrein und belegt, aber im Verlauf von ein paar Tagen fand er wieder zur alten Form zurück.

Dies ist nur eine Episode aus den vielen schamanischen Behandlungen, bei denen Musiker oder Sänger von negativen Energien angegriffen worden waren. Der Neid unter Kollegen scheint in diesen Berufen ganz enorm zu sein. Viele Künstler sind sehr gut in ihrem Fach, aber es gibt eben zu viele davon und die Stellen sind begrenzt. Zu Talent und Begabung gehört auch immer das Quäntchen Glück, um einen Auftrag oder sogar ein Engagement zu erhaschen. Aus diesem Grund scheint Mobbing hier etwas zu sein, mit dem viele der Künstler zu kämpfen haben.

Der Auslöser für einen Angriff ist immer der gleiche: Ein anderer hat etwas, das der Neider nicht hat und nicht bekommen kann. Anstatt sich mit den Gegebenheiten anzufreunden oder einen Ansporn zu entwickeln, sich selbst etwas zu schaffen, hat der Neider nur eines im Sinn: den »Bessergestellten« zu vernichten.

Fallgeschichte: Angriff auf eine Ehe

Als ich einmal ein Seminar für Ärzte und Therapeuten hielt, geschah Folgendes: Eine mit mir befreundete Ärztin kam in der Pause auf mich zu und bat mich um die Befreiung von etwas Schwarzmagischem, das während dieses Kurses auf sie gelegt worden sei – seitdem fühle sie sich miserabel. Ich sah gar keinen Grund dafür, denn ich kannte alle Teilnehmer und war mir sicher, dass keiner von ihnen so etwas tun würde. Also beruhigte ich sie damit, dass ich eher glaube, sie hätte einen grippalen Infekt. In der zweiten Pause kam sie wieder und bestand darauf, ich solle sie jetzt unbedingt schamanisch ansehen, was ich etwas widerstrebend dann auch tat. Dabei fiel ich aus allen Wolken. Ich sah nämlich, dass eine andere Seminarteilnehmerin, ebenfalls eine Freundin und Kollegin von mir, den Ehemann dieser Ärztin, der auch Arzt war, für sich haben wollte und daher ihren Hass auf sie schmetterte. Es gelang mir, diesen Angriff in wenigen Minuten aufzulösen.

Wie das geschah? Da eine derartige Arbeit nur ein Schamane vornehmen kann, der jahrelange Erfahrung mit solchen Energien hat, möchte ich hier nicht ins Detail gehen. So eine Arbeit wird unter dem Grundsatz vorgenommen, niemandem Schaden zuzufügen – auch dem Angreifer nicht. Es handelt sich eher um eine Umwandlung der dunklen Energie, die dadurch aufgelöst wird.

Der Frau ging es anschließend viel besser, doch aus Vorsicht verließ sie mit ihrem Mann das Seminar. Ich konnte immer noch nicht fassen, was da geschehen war, und die Geschichte ging mir nicht aus dem Sinn. Am nächsten Morgen fasste ich Mut und rief besagte Freundin an, denn nur so hatte ich die Chance herauszukriegen, ob das alles so stimmte. Zu meinem Entsetzen antwortete sie: »Natürlich habe ich sie angegriffen, ich will ihren Mann haben, denn er sieht gut aus und hat eine volle Praxis. Zu mir kommen kaum Patienten. Die Alte soll doch gehen! Von mir hat er mehr und ich auch von ihm.« Ich war schockiert.

Fallgeschichte: Auch Tiere werden angegriffen

Angriffe können auch Tiere treffen. Mehrere Patienten, denen schamanisch geholfen wurde, kamen auf die Idee, ich sollte mir doch auch einmal ihre Tiere ansehen. Es waren Rennpferde! Also fuhr man mich in einige Gestüte, damit ich mir Pferde ansehen würde, mit denen etwas nicht in Ordnung war, was in diesem Fall bedeutete, dass sie keine Rennen mehr gewannen. Die Störungen der Tiere hatten, schamanisch gesehen, ganz unterschiedliche Ursachen. Meist ging es, wie so oft im Leben, um Konkurrenz. So konnte ich wahrnehmen, dass der Besitzer eines Rennstalls die Trakenerpferde des konkurrierenden Stalls mit Angriffen belegt hatte, die dessen Tiere während der Rennen blockieren sollten. Da Pferde hochsensible Wesen sind, sind sie auch sehr empfänglich für solche negativen Ausstrahlungen, die sie behindern.

Manchmal leiden sie allerdings auch unter der Unausgeglichenheit des sie versorgenden Personals. Dazu eine lustige Begebenheit: Ein Hengst, der als »Gewinner« eine Art Star war, wurde plötzlich unlustig und boykottierte seinen Pfleger so stark, dass sich sein Besitzer Sorgen um die nächsten Rennen machte. Als ich schamanisch in das Tier hineinsah, konnte ich erkennen, was ihn dazu brachte, so renitent zu sein: Er störte sich tatsächlich daran, dass sein Pfleger so offensichtlich seine Frau, die auch im Rennstall arbeitete, betrog, dass er keine Lust mehr hatte, von ihm versorgt zu werden. Als ich das dem Stallbesitzer erzählte, brach er in Gelächter aus und beauftragte einen anderen Tierpfleger mit der Fürsorge. Der Hengst war schnell wieder in der gewohnten Form – und setzte seine Siegesserie fort. Wieder andere Pferde trugen leider deutliche Spuren von magischen Angriffen auf ihre Gehwerkzeuge. Auch sie gehörten, wie nicht anders zu erwarten, zu den Gewinnern, und konnten das auch weiterhin, nachdem sie schamanisch von den Angriffen befreit wurden.

Am eindrucksvollsten ist mir der Hilferuf einer anderen Patientin in Erinnerung. Der Besitzerin einer Pferdezucht starben die Jungtiere weg, seit eineinhalb Jahren hatte kein einziges ihrer Fohlen überlebt. Alle waren sofort nach der Geburt oder einige Tage später gestorben. Sie trauerte um die toten Tiere und stand vor dem Ruin. Die Frau war ganz verzweifelt und bat mich, zu ihrem Gut zu kommen, um dort nach dem Rechten zu sehen. Dabei entdeckte ich einen bösen Zauber, mit dem eine Anlage belegt war, die das Futter beförderte. Während der schamanischen Trance wurde mir gezeigt, wie dieser Zauber zu brechen war. Und es gelang! Eine Woche später berichtete die Frau mir glücklich von der Geburt eines gesunden Fohlens. Und einige Monate später konnte sie mit Freude auf eine Anzahl gesunder Jungtiere blicken. Der Fortbestand ihrer Arbeit war gesichert und die Trauer um die verstorbenen Tiere passé. Grund für diesen Angriff war die Wut eines Nachbarn, der ihre Koppeln für sich beanspruchen wollte.

Fallgeschichte: Tiere als großherzige Schutzschilde
Tiere können nicht nur von negativer Energie angegriffen werden, sie werfen sich auch großherzig bei Angriffen vor ihre Besitzer, denen die negative Energie eigentlich gilt. Auch ich musste das erleben. In meinem Garten lebten zwei Kaninchen, die dort ihren Bau hatten und frei herumlaufen konnten. Zu dieser Zeit hatte ich Ärger mit einer frisch gebackenen Kollegin aus der näheren Umgebung. Sie stellte sich wiederholt vor meine Tür und überredete die ankommenden Patienten, sie sollten doch lieber zu ihr in die Praxis kommen. Ich unternahm nichts dagegen, denn soweit ich sehen konnte, erlitt ich dadurch keinen Schaden. Sie aber fuhr mit ihrem Benehmen fort. Eines Tages lag dann eines der Kaninchen tot im Garten. Ich ahnte sofort, dass das kleine Tier die dunklen Energien auf sich genommen hatte, die diese Frau gegen mich gerichtet hatte.

Auch das zweite Kaninchen erlitt ein Jahr später ein ähnliches Schicksal. Ich wurde von einem orthodoxen Geistlichen zusammen mit einer anderen Dame nach Griechenland eingeladen. Wir wollten zu dritt dorthin fliegen. Am Vorabend des Fluges rief sie mich allerdings an und sagte, die Flüge seien storniert worden, da der betreffende Geistliche sich um seine plötzlich erkrankte Mutter kümmern musste. Sie rechnete wohl nicht damit, dass ich mich anschließend bei ihm nach der Gesundheit seiner Mutter erkundigte, denn ich ahnte schon, dass hier etwas nicht stimmte. Und tatsächlich, die Mutter war wohlauf, und er freute sich auf den morgigen Flug in seine Heimat. Nie werde ich das Gesicht meiner Mitreisenden vergessen, als sie mich zur Sicherheitskontrolle kommen sah. Während der Reise tat sie alles, um meine Beziehung zu dem Pater zu zerstören, was ihr auch beinahe gelang. Als ich nach Hause zurückkam, lag das zweite Kaninchen tot auf den Stufen des Eingangs. Und wieder erkannte ich, dass das kleine Wesen den massiven Hass dieser Frau auf sich genommen und sich geopfert hatte. Ähnliche Begebenheiten haben auch andere erlebt.

Kann man sich selbst angreifen?

Die Antwort ist: ja. Ja, es ist tatsächlich möglich, sich selbst so anzugreifen, dass sich die Negativität der eigenen Gedanken im Zellgedächtnis niederschlägt und es gleichsam vergiftet. Im Englischen gibt es dafür den treffenden Ausdruck *toxic thoughts*, »giftige Gedanken«. Neid, Hass, Missgunst und Grübeleien verändern nämlich sowohl das Licht als auch die Dichte des Geistes. Alles wird dunkler, schwerer und wandelt sich im Lauf der Zeit so, dass sich der Betreffende hauptsächlich mit finsteren Gedanken und Emotionen beschäftigt. Auf diese Art und Weise ist es möglich, sich selbst mit negativen Gedanken das Leben schwer zu machen. Sie haben sicher schon einmal die Erfahrung gemacht, wie es sich anfühlt, mit Menschen zusammen zu sein, die eine sehr negative Sicht der Welt und ihrer Umgebung haben. Hinter allem und jedem vermuten sie eine böse Absicht und hinter einer gut gemeinten Freundlichkeit eigennützige Berechnung. Solche Menschen würden einer Ärztin, die sich um das Wohl ihrer Angestellten kümmert, vorwerfen, sie tue dies nur, um sie besser ausbeuten zu können. Ein anderer Typus ist der Mann, der sich täglich nur mit den Horrormeldungen aus der Tageszeitung, der Politik oder ganz allgemein mit der »unausrottbaren Dummheit der Menschen« beschäftigt und sich darüber aufregt.

Jeder hat mal eine miese Zeit

Wenn wir uns einmal ehrlich betrachten, haben wir sicherlich solche Phasen auch schon an uns selbst bemerkt. Wenn wir Glück hatten, hat unser Partner oder eine Freundin uns darauf hingewiesen, dass unsere Meckereien nicht mehr auszuhalten sind. Wenn wir flexibel genug waren, konnten wir die Wahrheit dieser Aussage erkennen und noch rechtzeitig auf die Nörgelbremse treten. Schließlich wollen wir zu uns selbst und den Menschen in unserer Umgebung angenehme Beziehungen pflegen.

Wie widersinnig diese Angewohnheit des Meckerns und Negativ-Denkens ist, wird klar, wenn wir darüber reflektieren, wie es sich im Inneren einer Person anfühlt, die von vergiftenden Gedanken beherrscht wird. Stellen Sie sich einmal Elend, Leid und alle Unvernunft vor, die täglich in der Welt geschehen. Und Sie können nichts dagegen tun, Gefühle von Hilflosigkeit und ohnmächtiger Wut steigen auf.

Im Laufe der Zeit verwandeln sich diese negativen Emotionen in Hass auf alle anders denkenden Menschen, die das Leid vermeintlich verursachen. Und meist folgt der Neid dem Hass auf dem Fuß. Wer sich von diesen Gefühlen dominieren lässt, fühlt sich selbst nicht gut. Gelegentlich dürfen sie natürlich einmal vorkommen. Aber wenn sich diese Einstellung ausbreitet, sollte man sich diese Emotionen verbieten, einfach nur um sich selbst besser zu fühlen.

Es gibt noch eine weitere sehr populäre Variante, sich selbst anzugreifen. Denken Sie einmal daran, wie oft im Alltag das Wort »Sch...« gebraucht wird, wenn etwas nicht so läuft, wie es sollte. Und wie oft wir uns damit selbst vergiften! Im Fernsehen wird es in Arzt- oder Kriminalfilmen immer dann verwendet, wenn ein Mensch stirbt. Ist das wirklich das letzte Wort, das wir hören möchten, wenn es einmal so weit ist?

Vor vielen Jahren machte ich während einer Reise die Erfahrung des lustvollen Schimpfens über alles und jeden, mein Gegenüber schwadronierte auch kräftig mit. Aber nach einer halben Stunde fiel uns nichts mehr ein, das wir kritisieren konnten, und an die Stelle der düsteren Worte trat eine unangenehme Leere. Aus diesem Erlebnis habe ich gelernt, wie wichtig es ist, sich nicht gehen zu lassen, sondern rechtzeitig eine rein negative Denkweise zu unterbrechen und sich, wenn nicht erfreulicheren, dann wenigstens neutralen Themen zuzuwenden. Der Gewinn für das eigene Wohlbefinden ist enorm.

Opfer-Mentalität

Eine andere beliebte Art der Selbstvergiftung besteht darin, keine Verantwortung für sein Leben zu übernehmen, sondern konsequent die Schuld für Missgeschicke oder Pechsträhnen anderen Personen zuzuweisen. Der geschiedene Ehemann, der ungerechte Lehrer oder der bösartige Chef sind nur einige Täterrollen, die solche Menschen um sich brauchen. Am häufigsten werden jedoch die Eltern, insbesondere die Mütter dafür verantwortlich gemacht, dass ganze Lebensläufe nicht in der gewünschten Art und Weise verliefen. Fehlverhalten ist menschlich, aber nach gegebener Zeit muss Ruhe einkehren, schließlich ist niemand von uns fehlerfrei. Ich bin immer wieder erstaunt darüber, dass Menschen im mittleren Lebensalter tatsächlich noch ihre Eltern für alle möglichen Ereignisse in ihrem Leben beschuldigen. Sie kommen gar nicht auf den Gedanken, dass sie selbst etwas damit zu tun haben könnten.

Personen, die mit wohltemperiertem Klagen über ihr Pech und Unglück das Mitgefühl anderer erlangen wollen, sind damit oft erstaunlich erfolgreich. Was wurde nicht alles auf diese Art erschlichen: ein europäischer Pass, eine Ehe, viel Geld ... Viele erzählen, um Interesse zu wecken, mitleiderregende Geschichten, in denen sie betrogen und hintergangen wurden. Solche Angewohnheiten sind nicht so einfach abzulegen, da sie ja einen gewissen Erfolg und Gewinn an Aufmerksamkeit und Mitleid erbringen. Obwohl der Betreffende tatsächlich einen Vorteil von seinem Benehmen hat, ist er auf dem besten Wege unterwegs, sich selbst anzugreifen und unglücklich zu machen. Diese Menschen haben nämlich eines gemeinsam, sie sind rückwärts orientiert und haben vergessen, nach vorn zu schauen. Einige Zeit über Gewesenes nachzudenken lohnt sich. Unentwegt zurückzublicken und mit der Vergangenheit zu hadern, macht hingegen depressiv und unzufrieden. Außerdem beraubt uns diese Mentalität unserer eigenen Kraft im Leben.

Gedanken und Lebenseinstellungen, die die eigene Seele vergiften können, gibt es viele. Aus diesem Grund sollten wir sie rechtzeitig an uns selbst erkennen und dann auch vermeiden. Das hat nur Vorteile für uns. Der Erste ist, dass wir uns selbst glücklich und zufrieden fühlen, wenn wir nicht in einem Sumpf der Negativität versinken. Der zweite Grund ist, dass wir mit dieser Grundtendenz ein leichtes Angriffsziel für andere dunkle Energien sind, die von außen an uns herangetragen werden oder in uns selbst heranwachsen. Das können Flyer sein (siehe Unterkapitel »Flyer«), mit Negativität beladene Seelen oder parasitäre Energien, die sich gern auf diesem Nährboden in uns einnisten. Die meisten dieser hier beschriebenen Menschen fühlen sich schon unglücklich, bevor sie überhaupt bemerken, dass fremde Kräfte in ihnen und von ihrer Negativität leben. Diese Energien immer wieder zu entfernen kostet mehr Mühe, als sich um eine optimistischere Grundhaltung zu kümmern.

Schicksalsschläge

Einen Sonderfall, der zu lang anhaltender Trübsinnigkeit führen kann, möchte ich hier mit besprechen: Schicksalsschläge. Sie sind unvermeidbar und folgen ihren eigenen Gesetzen. Man muss seine eigenen Mechanismen entwickeln, um ihnen zu begegnen und um Trauerarbeit zu leisten. Nach dem Tod eines geliebten Menschen ist es nicht normal, gleich wieder zur Tagesordnung überzugehen. Schicksalsschläge brauchen ihre eigene Zeit zur Verarbeitung. Gute Freunde oder Therapeuten können dabei helfen.

Erst wenn eine über das gesunde Maß hinausgehende Trauer lange Zeit hindurch anhält, wird es bedenklich. Es gibt aber einige logische Hilfen, die es immer wieder zu verinnerlichen gilt, um sich dem Sog der Negativität entgegenzustellen:

- Schicksalsschläge stellen keine persönlichen, auf den Betroffenen gemünzte Attacken dar.
- Nicht Sie sind daran schuld, sondern das Leben enthält einfach solche Verluste und Abschiede.
- Es ist sehr unwahrscheinlich, dass Sie mit einem Schicksalsschlag für Schandtaten aus einem früheren Leben bestraft werden sollten.
- Stoppen Sie augenblicklich die quälenden Fragen, warum das ausgerechnet Ihnen passiert ist, und geben Sie sich nicht selbst die Schuld.
- Quälen Sie sich nicht selbst mit den »Was wäre wenn«-Fragen. Es ist, wie es eben ist.
- Auch die »Warum«-Fragen sind sinnlos. »Warum hat Gott das zugelassen?« »Warum hat sie gerade diesen Zug genommen?« Lassen Sie sie sein. Auf Warum-Fragen gibt es keine Antwort.
- Blicken Sie in die Gegenwart, das Leben ist stark und es geht immer weiter, auch wenn Sie sich das im Augenblick nicht vorstellen können.

Normale Todesfälle sind keine Schicksalsschläge, sie gehören zum Leben dazu. Im Schamanismus ist die Sicht auf Tod und Leben sehr tröstlich, denn Schamanen sehen auch den Tod in einem großen Zusammenhang, der Geborgenheit und Schutz vermittelt. Die verstorbenen Seelen steigen, ähnlich wie im Christentum, in eine Himmelswelt auf. Dort treffen sie erneut mit ihrer Familie und ihren Freunden zusammen.

Der Schamanismus bietet eine gute Möglichkeit an, die dazu verhilft, übermäßige Trauer allmählich in eine freudige Erwartung umzubilden: Sagen Sie Ihren lieben Verstorbenen (und sich selbst), dass sie nur ein wenig warten müssen, dann sind auch Sie bei ihnen. Dadurch stellt sich der Blick zurück in die Vergangenheit um und wird nach vorn in die Zukunft gelenkt. Sehnsucht und Neugier entstehen auf das, was danach kommt. Und es lässt sich auch das, was das diesseitige Leben noch vorhat, leichter und freudvoller angehen.

Wie kommt man zur richtigen Diagnose?

Am Beginn jeder medizinischen Behandlung steht als erstes und wichtigstes Thema die Diagnose. Denn erst wenn festgestellt ist, wodurch die Gesundheitsstörung, die der Patient hat, verursacht wurde, kann auch therapiert werden. Einfach nur zu behandeln, ohne zu wissen, worum es geht, ist fahrlässig und wird wohl kaum den erwünschten Erfolg zeigen.

Wie in der Medizin sprechen auch bei energetischen Störungen gewisse Anzeichen für diese oder jene Diagnose. Daher halte ich es gerade auf dem Gebiet des Schamanismus, der sich ja in einer Art Grauzone befindet, für wichtig, genau herauszufinden, was dem Betroffenen fehlt. Denn häufig ist es so, dass die Patienten, die glauben, an einem Angriff mit negativer Energie zu leiden, tatsächlich eine gesundheitliche Störung haben. Wenn der Schamane über ungenügende medizinische Kenntnisse verfügt und nicht in der Lage ist, eine Diagnose zu stellen, sollte ein Arzt konsultiert werden, um eine körperliche Krankheit auszuschließen. Einige Erkrankungen zeigen nämlich ganz ähnliche Symptome, wie sie auch bei einem energetischen Angriff entstehen können. Gerade das ist ein häufiger Grund dafür, dass voreilige schamanische Behandlungen dem Patienten keine Erleichterung bringen, weil er sie nämlich gar nicht nötig hat. Die Feststellung des Patienten, er sei verflucht, verhext oder Ähnliches, ist kein Indiz dafür, dass es tatsächlich auch so ist.

Checkliste zur Diagnose energetischer Angriffe

Allerdings ist es nicht immer einfach, eine solche Diagnose zu stellen. Denn oft haben Menschen, bei denen man es nicht vermuten würde, ganz erhebliche Belastungen, die aus energetischen Angriffen resultieren und die sich dann schamanisch gut lösen lassen. Die Zeichen, die für eine Beeinträchtigung durch magische Angriffe und negative Energie sprechen, sind folgende:
- allgemeines Unbehagen
- plötzlich auftretende Schmerzen (Abklärung durch den Arzt nötig)
- plötzliche depressive Verstimmungen (Abklärung durch den Arzt nötig)
- ungewohnt negativ veränderte Gedanken und Gefühle
- plötzlich auftretende Ängste (das gilt nicht bei sowieso immer ängstlichen Personen)
- unerklärliche Gedanken an den bevorstehenden Tod
- gedankliche Bilder von Unfällen, die einen selbst oder die Familie betreffen
- Impulse, sich vor ein herannahendes Fahrzeug zu werfen
- Ketten von unerklärlichem Missgeschick, das die Gesundheit betrifft: wiederholt missglückte Operationen, Brechen von Zahnprothesen und so weiter
- häufiges unerklärliches Versagen von elektrischen

Geräten: Waschmaschine, Trockner und andere Elektrogeräte gehen kaputt
- häufiges unerklärliches Missgeschick am Auto: platzende Reifen, Versagen der Elektronik und so weiter
- häufige kleinere Unfälle und Verletzungen bei alltäglichen Arbeiten.

Dieser Liste kann ich noch eine weitere hinzufügen, mit deren Hilfe man nach den Ursachen im Außen und in sich selbst forschen kann. Die erste Frage dabei ist:
- Wie fühle ich mich bei einem plötzlich auftretenden Unbehagen? Könnte ich das Opfer eines psychischen Angriffs sein?

Diese Frage ist wichtig, denn die meisten Menschen glauben zuerst, dass sie an einem plötzlichen Infekt leiden. Daher beschäftigen sich auch die nächsten Fragen genauer mit dem Thema negative Energie:
- Gab es einen Anlass dafür, dass mir jemand eine negative Energie schicken könnte, hatte ich Ärger oder Streit mit jemandem?
- Gab es eine unterschwellige Drohung? Zum Beispiel: »Das wirst du mir büßen!«
- Hat jemand Grund, mich zu beneiden oder eifersüchtig auf mich zu sein?
- Fühle ich mich in der Nähe bestimmter Menschen nicht wohl?

Diese Punkte ab und zu einmal zu kontrollieren, verhilft zu zwei unterschiedlichen Erkenntnissen. Es führt nämlich neben dem Aufdecken der Ursachen auch dazu, dass wir uns allmählich deutlich strukturierter im Alltag bewegen. Wir können einerseits missgünstigen Angreifern aus dem Weg gehen. Und andererseits erleben wir eine gehörige Portion Selbsterkenntnis, indem wir erkennen, was wir selbst in unkluger Weise dazu beigetragen haben, angegriffen zu werden. Damit will ich nicht ausdrücken, dass solche Angriffe berechtigt oder immer zu verhindern sind. Aber wie das orientalische Sprichwort sagt: »Die Klage ist des Kaufmanns Gruß.« Damit ist gemeint, dass es besser ist, nicht strahlend über seine beruflichen Erfolge oder seine glückliche Partnerschaft zu sprechen. Mittlerweile bin ich in dieser Beziehung recht vorsichtig und schütze damit mein berufliches und privates Leben. Ich antworte auf Fragen, wie es mir geht: »Ich bin zufrieden« oder »Geht schon«. Das gilt natürlich nicht für gute Freunde, denen ich auch mein Glück zeigen kann. Mein Vater pflegte auf das »Wie geht's?« immer zu sagen: »Wie es einem armen, alten Mann halt so geht.« Da er blendend aussah und noch dazu sehr bekannt und recht beliebt war, sorgte das immer für Gelächter beim Gegenüber. Was für eine wunderbare Methode, Angriffe abwehren!

Das Ungewöhnliche ist ein deutliches Zeichen

Wohlgemerkt, wir sprechen hier nicht von normalen psychischen Belastungen, sondern von gezielten energetischen Angriffen! Da geht es um ganz andere Erscheinungen als bei seelischen Problemen. Aus diesem Grund sind auch die Indizien so extrem. Sie entsprechen all jenen Symptomen, die ich während meiner langjährigen Praxiserfahrung mit den entsprechenden Patienten erleben konnte. Da jeder Mensch eine individuelle Stärke und einen eigenen Verarbeitungsmodus hat, müssen diese Reaktionen nicht unbedingt gleichermaßen heftig sein. Ein charakteristisches Erkennungszeichen ist, dass die Beschwerden plötzlich einsetzten und nicht dem gewohnten Naturell entsprechen. Damit ist gemeint, dass man zum Beispiel bei einer eher ängstlichen Veranlagung Ängste nicht als Kriterium für einen energetischen Angriff sehen darf. Sehr wohl ein Kriterium aber ist es, wenn sich die Gedankenwelt grundlos verändert und ungewohnt negative Bilder und Gedankengänge die Oberhand gewinnen. Ein ganz wesentliches Zeichen ist zudem, dass diese Beschwerden weder auf eine psychotherapeutische noch auf eine medizinische Behandlung ansprechen. Sie trotzen jeder Therapie.

Es hat Priorität, sich bei verdächtigen Symptomen zu fragen, ob ein Patient, der unbedingt schamanisch behandelt werden möchte, eventuell eine ganz andere medizinische Behandlung braucht. Bei einigen körperlichen Beschwerden empfiehlt es sich wie gesagt, diese erst abzuklären, bevor mit einer schamanischen Sitzung begonnen wird. Nebenbei bemerkt: Menschen, die Stimmen hören, sind definitiv kein Fall für den Schamanismus! Diese Symptome sind das Zeichen einer ernsten Psychose und gehören in die Hände eines Psychiaters. Das Gleiche gilt für Personen, die sich grundlos verfolgt glauben. Es gibt da ganz extreme Fälle. Die Betroffenen schildern glaubwürdig und überzeugend, dass zum Beispiel während ihrer Abwesenheit Dinge in ihrer Wohnung verändert oder Abhörgeräte eingebaut würden.

Ein Patient beispielsweise, der von weit her in meine Praxis kam, fragte, ob er seine Tasche im Keller oder im Garten ablegen könnte, sie sei nämlich voller Wanzen.

Auf meine arglose Frage, ob er aus einem italienischen Schlafwagen käme, antwortete er: »Nein, *sie* bauen mir Abhörgeräte in meine Tasche ein.« Dieser Mann war wirklich krank – und dazu hochintelligent, ein Professor für romanische Sprachen. Das erwähne ich nur, weil viele Laien psychotische Erkrankungen mit mangelnder Intelligenz verbinden. Beinahe könnte man sagen, das Gegenteil sei der Fall. Auf jeden Fall schützt hohe Intelligenz nicht vor Psychosen. Und auch das gehört zu einer Diagnose, nämlich zu erkennen, ob eine psychotische Erkrankung vorliegt.

Auch Menschen, die ihre Gehirnzellen durch Drogen oder Alkohol beschädigt haben, leiden wahrscheinlich weniger unter Angriffen als vielmehr unter den Symptomen einer gestörten nervalen Impulsübertragung. Daher ist für sie eine schamanische Behandlung nicht immer geeignet und zeigt oftmals auch keinen dauerhaften Erfolg. Durch mein Studium der Anti-Aging-Medizin weiß ich, dass unausgeglichene chemische Stoffwechselvorgänge im Gehirn, wie sie zum Beispiel einem Teil der Depressionen zugrunde liegen, relativ einfach mit Medikamenten modulierbar sind. Bei einer Zerstörung der Gehirnzellen ist das nicht mehr in dem Maße möglich.

Unterscheiden lernen: Ist das wirklich ein Angriff?

Dafür, dass sich Menschen ganz und gar nicht mehr wohlfühlen und die Ärzte dafür keinerlei Anlass entdecken, gibt es unterschiedliche Gründe. Schließen wir einmal aus, dass die befragten Ärzte ihr Handwerk nicht verstehen. Dann gibt es doch unterschiedliche, ganz natürliche Ursachen, die zu schwer zu diagnostizierenden Störungen führen. Von Elektrosmog bis hin zu instabilen Wetterlagen, die den Kreislauf belasten, und von depressiven Verstimmungen bis hin zu Nahrungsmittelunverträglichkeiten existiert ein weites Feld von externen und internen Störungsquellen, die für die Betroffenen oft nicht greifbar sind. Den Patienten ist nur zu helfen, wenn herausgefunden wird, wo genau die Ursache für ihre Beschwerden liegt. Das erfordert viel Erfahrung und ist manchmal eine richtige Detektivarbeit.

Das Quäntchen Vernunft

Trotz aller Erfahrung mit all jenen unsichtbaren Energien, die uns beeinflussen, muss man mit Vernunft und Logik an die Probleme herangehen. Sonst macht man sich selbst verrückt, und das hilft niemandem.

Fallgeschichte: Tatsächlich ein Fluch?

Eine Patientin von mir kehrte von einer Reise zurück und erzählte mir, sie sei sicher, einen Fluch aufgefangen zu haben. Als ich sie fragte, aus welchem Grund sie verflucht worden sei, sagte sie, sie hätte nicht die geringste Ahnung. Ich halte es für eine ziemlich neurotische Vorstellung, dass irgendeine Person, die gar keinen Bezug zu mir hat, mich verfluchen würde. Das ist schlechthin unmöglich, außer man liebäugelt mit der Idee, Flüche könnten wie Konfetti verstreut werden. Und wirklich fand sich bei der Frau eine andere, rein medizinische Ursache für ihre Beschwerden.

Fallgeschichte: Energetischer Angriff oder Elektrosmog?

Die folgende Geschichte eines Patienten zeigt, wie schwierig es sein kann, zu einer richtigen Diagnose zu kommen. Der junge Mann aus Norddeutschland schrieb mir eine ellenlange Mail und bat um schamanische Hilfe. All seine Leiden hätten vor genau vier Jahren begonnen, und da seine Ärzte nichts feststellen konnten, war er überzeugt, dass ihn jemand verhext hätte. Es war tatsächlich erschütternd zu lesen, woran er litt: Da gab es heftige körperliche Schmerzen aller Gelenke, Stimmverlust und anhaltende körperliche Schwäche. Das Ganze war besonders tragisch, weil er von Beruf Sänger war. Sein Hauptinstrument, die Stimme, war verloren, und vor lauter Schmerzen konnte er weder Klavier noch Gitarre spielen. Konzerte und Tourneen musste er absagen, und er sah sich vor dem beruflichen Abgrund stehen.

Da die ärztlichen Behandlungsversuche vergeblich

waren, wurde schließlich die Diagnose Psychose gestellt und er mit den entsprechenden Psychopharmaka versorgt. Das lag zum Teil sicher auch daran, dass der Künstler bei so viel erlebtem persönlichem Pech und Unglück die feste Überzeugung vertrat, er sei massiv mit Schwarzer Magie belegt worden.

Als ich mit dem schamanischen Blick in ihn hineinsah, konnte ich nicht die geringste Spur von negativen Energien oder feinstofflichen Angriffen feststellen. Nein, er hatte wirklich keine Feinde oder Neider, die ihn schädigen wollten. Als ich ihm das mitteilte, war er ganz enttäuscht, denn seine Hoffnung auf Gesundheit schien sich damit in Luft aufzulösen. Aber ich hatte etwas ganz anderes entdeckt: Er litt unter einer enormen Belastung durch Elektrosmog. Dadurch können nämlich unterschiedliche Neurotransmitter im Gehirn derartig reduziert werden, dass die geschilderten klinischen Symptome entstehen.[3] Der junge Mann litt an fast allen klinischen Erscheinungen, die auf einen Mangel der Botenstoffe Melatonin und Serotonin schließen lassen: Konzentrationsstörungen, Schlafstörungen, Schmerzen, Unruhe, Herzrhythmusstörungen und Blutdruckentgleisungen gehören unter anderem in dieses Spektrum.

Ich erklärte dem Künstler diesen Mechanismus, und plötzlich fiel ihm ein, dass der Beginn der Krankheitsgeschichte vor vier Jahren mit dem Umzug in das Dachgeschoss einer Altbauwohnung zusammenfiel. Zum Thema Elektrosmog erklärte er, dass auf einem der gegenüberlie-

---

[3] Siehe hierzu Dr. Hans-Christoph Scheiner: »Mobilfunk, die verkaufte Gesundheit«, Peiting 2006, und: »Melatoninstudie«, München ohne Jahresangabe

genden Dächer in einer Entfernung von etwa 30 Metern ein Mobilfunkmast stand – und auf der anderen Seite der Wohnung ein zweiter. Doch das hätte er nie mit seinen Beschwerden in Zusammenhang gebracht. Meine Therapie beschränkte sich darauf, sein vegetatives Nervensystem zu stärken und die Neurotransmitter im Laufe der Zeit wieder aufzubauen, was mit entsprechenden Arzneimitteln recht gut zu bewerkstelligen ist. Auf eine schamanische Behandlung wegen angeblicher energetischer Angriffe und Magie konnte ich in diesem Fall natürlich verzichten. Nach einigen Wochen rief mich der junge Mann wieder an, um zu berichten, dass es ihm viel besser ginge – und dass er in zwei Wochen in eine andere Wohnung umziehen würde.

Fallgeschichte: Ein Neidangriff

Eine andere Patientin hatte ähnliche Beschwerden, zusätzlich aber hatte sie über zwanzig Operationen hinter sich, die leider zum Teil auch misslungen waren und wiederholt werden mussten. Während der schamanischen Behandlung nahm ich wahr, dass ihre ältere Schwester schon von Geburt an eifersüchtig auf sie war und davon regelrecht zerfressen wurde. Meine Patientin berichtete mir, dass ihre große Schwester elf Jahre alt war, als sie selbst geboren wurde. Die Eifersucht war ihr schon in der Kindheit bewusst geworden und hätte sich bis ins Erwachsenenalter erhalten, bis zum heutigen Tag. Im Beruf sei sie sehr erfolgreich, und auch das würde diesem Neid immer neue Nahrung geben. Bei ihr war eine schamanische Intervention tatsächlich angezeigt und hilfreich. Denn dieser Dauerbeschuss mit negativer

Energie hatte das Körpersystem meiner Patientin so stark angegriffen, dass es nicht mehr genügend Kraft zur Verfügung hatte, um die unterschiedlichen Störungen zu kompensieren.

Fallgeschichte: Ein weiterer bösartiger Neider

Um die Bandbreite dieser Palette noch zu bereichern, möchte ich einen weiteren Fall schildern, bei dem die Gabe der Unterscheidung gefragt war: Ist der Patient tatsächlich infolge von negativen Angriffen erkrankt oder liegen andere Gründe vor?

Ein Arzt, der neben seiner Praxisarbeit sehr erfolgreich in einer medizinischen Gesellschaft Vorträge und Schulungen abhielt, bekam plötzlich Schwierigkeiten mit seiner Stimme, sodass er diese Tätigkeit einschränken musste. Zugleich erlebte er in kürzester Zeit mehrere bedrohliche Situationen im Straßenverkehr, die ihm sicher die Gesundheit und sogar das Leben gekostet hätten, wenn er nicht rechtzeitig auf unerklärliche Weise von einer inneren Stimme gewarnt worden wäre. Auch privat und wirtschaftlich bekam er Probleme, die ihm das Leben schwer machten. Als er zu einer schamanischen Behandlung kam, konnte ich entsetzt sehen, dass er mit einer sehr üblen negativen Energie, nämlich einem Fluch, belegt war. Eine so schwerwiegende Belastung ist nicht einfach abzuschütteln, also machte ich mich an die Arbeit.

Im anschließenden Gespräch ergab sich, dass wahrscheinlich ein mit ihm eng befreundeter Kollege, der ihm seinen Erfolg neidete, der Urheber des ganzen Elends sein könnte. Meinem Patienten ging es nach der schamanischen Befreiungsaktion wesentlich besser, er nahm seine Lehrtätigkeit wieder auf und wurde nie wieder durch diese gefährlichen Beinaheunfälle erschreckt, die ihn mit Angst und Entsetzen erfüllt hatten. Wie es das Schicksal so wollte, entdeckte er einige Wochen später in seinem Spam-Filter eine fehlgeleitete E-Mail. Sie war an einen Magier gerichtet, mit dem Auftrag, ihn weiterhin zu »bearbeiten« und ihn finanziell, gesundheitlich und privat zu ruinieren. Absender und Auftraggeber war tatsächlich sein ehemaliger Freund und Kollege. Ich konnte kaum glauben, was mir da berichtet wurde, aber mein Patient sandte mir eine Kopie dieses Schreibens. Zum Glück war er nun gefeit gegen diese Angriffe.

Angriffshysterie

Nicht wenige Personen leiden an einer Art Angriffshysterie. An allem, was nicht so läuft, wie sie es sich vorgestellt haben, sind andere Menschen schuld. Leider ist es nicht einfach, diesen Patienten zu helfen, denn dazu müssten sie sich einer längeren Therapie unterziehen. Sie haben ihre Eigenverantwortung nach außen verlagert und kommen gar nicht auf den Gedanken, dass sie selbst der Auslöser für ihr Missgeschick oder vermeintliches Unglück sein könnten. Meistens betrifft es Frauen ab der Lebensmitte, aber ab und zu erlebe ich auch Männer, die nach diesem Schema reagieren.

Fallgeschichte: Selbst gemachter Ärger

Eine attraktive junge Patientin fühlte sich fast immer unwohl, sie war sehr empfindlich und litt an einer Unverträglichkeit gegen unterschiedliche Nahrungsmittel, erlebte viel Missgeschick, Ablehnung und diverse Mobbing-Affären. All das hatte ihr das Leben vergällt. Daher war sie der festen Überzeugung, man habe sie mit Schwarzer Magie belegt. Eine ihrer Freundinnen hatte sie besonders im Verdacht, denn nachdem sie auf deren Hochzeitsfeier gewesen war, sei es ihr extrem schlecht gegangen. Die Freundin habe einen ganz bösen und eigenartigen Blick bekommen, als sie ankam. Sie hätte sofort gespürt, dass sie sich nicht über ihr Kommen freute, und musste sich schließlich auch noch hinausmobben lassen.

Als ich schamanisch in ihr Zellgedächtnis blickte, sah ich, dass tatsächlich etwas ganz und gar nicht in Ordnung war. Es war nämlich so, dass sie unterschiedliche magische Zeichen in sich trug, die belegten, dass mehrere Personen sie nicht ausstehen konnten. Von Schwarzer Magie keine Spur! Also fragte ich sie aus, wie denn das mit der Hochzeit gelaufen sei. Heraus kam, dass sie die ehemalige Geliebte des Bräutigams gewesen war, bevor er seine jetzige Frau kennengelernt hatte. Triumphierend war sie auf der Hochzeitsfeier erschienen und hatte der Braut die Schlüssel auf den Tisch gelegt, die sie damals ihrem früheren Geliebten nicht zurückgegeben hatte.

Man hatte ihr verständlicherweise nahegelegt, das Fest zu verlassen, denn sie war nach dieser Vorgeschichte und mit ihrem Auftreten nicht willkommen. Insgeheim dachte ich mir, dass ich sie vermutlich auch »mobben« würde, wenn sie mir so taktlos in die Quere käme. Eine intensive schamanische Behandlung war in ihrem Fall nicht angebracht, obwohl es beim ersten Eindruck so ausgesehen hatte, als ob sie tatsächlich eine solche brauchen würde. Was ich für sie tun konnte, war, ein psychotherapeutisches, klärendes Gespräch mit ihr zu führen und die magischen Zeichen, die ihr Zellgedächtnis belasteten, aufzulösen. Allerdings tat ich das mit wenig Hoffnung auf eine dauerhafte Besserung, denn ihre Lebenseinstellung würde sicher bald wieder zu ähnlichen Vorfällen führen. Vielen scheint es eben einfacher, seine Probleme nach außen zu verlagern, als selbst an ihnen zu arbeiten.

Einige Wochen später bekam ich einen Brief, in dem sie schrieb, sie könne meine Rechnung nicht bezahlen. Schuld sei aber ihr neuer Freund, den sie für ihre finanzielle Situation verantwortlich machte. Menschen von dieser Wesensart werden nie glücklich sein im Leben, denn die Gewohnheit, immer die anderen zu beschuldigen, Ursache ihres Missgeschicks zu sein, bringt sie selbst nicht weiter und macht sie nicht gerade beliebt.

Fallgeschichte: Ein schwarzmagischer Angriff?

Ein anderes Beispiel ist die Geschichte eines Mannes, der nach einer sehr weiten Anreise bei mir in der Praxis ankam. Ein schwerer Autounfall hatte sein Leben zerstört, wie er berichtete. Weil er multiple Verletzungen und Brüche hatte, verlor er seinen Job. Schließlich fand er eine spendable Dame, die ihm eine Wohnung schenkte und ein Büro einrichtete. Besonders dankbar war er nicht dafür, denn leider floss der Kundenstrom recht spärlich und der Erfolg ließ auf sich warten. Kurzum, er litt an einer umfassenden Grundunzufriedenheit und fand sein Leben unnötig schwer. Daher wollte er unbedingt von Schwarzer Magie und Flüchen befreit werden, die ihm das Leben versauerten.

Als ich nichts dergleichen an ihm feststellen konnte, setzte ich mich zu ihm und befragte ihn nach dem Autounfall, den er als Ursache des ganzen Unglücks ansah.

»Wie kam es zu diesem Unfall?«

»Ich war nicht schuld, der Fahrer war nämlich betrunken.«

»Und Sie sind zu ihm eingestiegen?«

»Ich war auch betrunken.«

»Und jetzt glauben Sie, dass Sie verflucht sind?«

»Natürlich, denn wir sind immer betrunken gefahren und es ist nie etwas passiert.«

Das ist nur ein kleiner Teil dieses absurden Gesprächs. Auf die Idee, dass der Patient das Leben von anderen Personen und sein eigenes mutwillig gefährdet hatte, war er zu keiner Zeit gekommen. Er hatte alles Negative von sich weggeschoben, also externalisiert, und ich sah mich außerstande, etwas für ihn zu tun. Ich empfahl ihm die Heimreise.

Fallgeschichte: Übertreibungen

In meinem Keller stapeln sich fünfundvierzig Zentimeter hoch Briefe, Faxe und Mails, die ich von einer sehr liebenswürdigen und höflichen Patientin im Laufe eines halben Jahres bekommen habe. Sie schildert darin stets das Gefühl, durch die negativen Energien unterschiedlicher Leute, vor allem aus ihrer Verwandtschaft, angegriffen zu werden. Daher sandte sie mir mehrmals in der Woche einige Seiten mit den Namen derjenigen, die ihr gerade schaden würden. Ich erhielt ganz erstaunliche Listen – mit der Bitte, dafür zu sorgen, dass diese Personen sie nicht mehr belästigen konnten. Anscheinend wurde das auch ein großes Thema bei ihren Töchtern, die ein Gymnasium besuchten, und sich im Laufe der Zeit ebenfalls angegriffen fühlten. Zum Beispiel dann, wenn eine Prüfung nicht so verlief, wie sie sich das vorgestellt hatten. Schließlich wurde es zu ihrer Angewohnheit, mehrere DIN-A4-Seiten mit teilweise über 40 Namen an mich zu schicken, aufgezählt waren Nachbarn, Kollegen, Mitschüler und Lehrer. Und die Damen bestanden darauf, dass diese vielen Leute nichts anderes im Sinn hätten, als ihnen zu schaden.

Dazu ist nur zu sagen: Nicht jeder schlechten Phase im Leben, nicht jedem Unbehagen oder Missgeschick liegt als Ursache Schwarze Magie oder irgendeine Bosheit zugrunde. Es gehört einfach zum Leben, Auf und Ab zu akzeptieren. Jeder Mensch kennt Tage, an denen er sich nicht so gut fühlt, wie er es gern hätte. Sie sind ganz normal, und solche Phasen hören von selbst wieder auf. Mit schwarzmagischen Angriffen haben sie aber nichts zu tun.

Um auf die Bedeutung der Unterscheidungskraft hinzuweisen, war es mir wichtig, diese unterschiedlichen Fallbeispiele zu beschreiben. Die zunächst von den Patienten geschilderten Beschwerden klingen nämlich alle ganz ähnlich, und auch die Symptome lassen auf die Einwirkung von negativer Energie schließen. Bei genauerem Hinsehen und einer sorgfältigen Diagnose erforderten dieselben Störungen das eine Mal eine schamanische Behandlung und ein anderes Mal eben nicht. Ähnlichen

Beschwerden können jeweils unterschiedliche Ursachen zugrunde liegen. Es lohnt sich also, bevor man eine schamanische Behandlung zur Lösung von energetischen Angriffen beginnt, zuerst einmal ein ausführliches Gespräch zu führen und dabei die richtigen Fragen zu stellen.

Wann sind wir besonders anfällig?

Um Krankheiten zu verhindern, ist es wichtig, eine gute Vorsorge zu betreiben. Aus diesem Grund nimmt die präventive Medizin einen immer größeren Stellenwert ein. Immer mehr Menschen sind in den letzten Jahren daran interessiert, zu erfahren, wie sie Erkrankungen verhindern und was sie selbst dazu tun können, um ihre Gesundheit so lange wie möglich zu erhalten.

Nicht anders ist es im energetischen Bereich, auch hier gibt es unterschiedliche wirksame Möglichkeiten, Angriffe einzudämmen oder gar zu verhindern. Durch das Praktizieren dieser Methoden gewinnt das Energiefeld an Stärke, sodass negative Kräfte kaum noch Chancen haben, es zu durchbrechen und uns zu schaden. Um zu erkennen, wann wir uns vor allem schützen müssen, brauchen wir das nötige Wissen darüber, in welchen Situationen wir besonders anfällig sind. Wenn wir zum Beispiel sehr konzentriert sind und dann eine plötzliche Unterbrechung auftritt, sind wir so überrascht und abgelenkt, dass fremde Energien in uns eindringen können. Im Alltag geschieht es nicht selten, dass ein Anruf mit unangenehmen Nachrichten uns bei einer Tätigkeit unterbricht und die Negativität dann voll in uns einströmt.

Besonders anfällig für magische Angriffe sind wir immer

dann, wenn wir nicht in unserer Mitte sind und sozusagen auf dem falschen Fuß erwischt werden. Auch in der Medizin weiß man, dass Personen, die energetisch durch Stress, Überarbeitung oder Schicksalsschläge aus dem Lot gekommen sind, besonders anfällig für Infekte oder andere Erkrankungen sind. Um aus der Mitte gebracht zu werden, braucht es nicht viel. Es ist ja tendenziell immer ein Zuviel an alltäglichen Einflüssen, denen wir Menschen unterliegen. Macht man sich zusätzlich zum Beispiel berechtigte Sorgen um ein krankes oder schwieriges Kind, ist die eigene Abwehr schon mit diesem Problem beschäftigt – und man selbst ist geschwächt. Für Streitigkeiten in einer Beziehung oder am Arbeitsplatz gilt dasselbe. Auch ein akuter Infekt oder eine Operation kann dazu führen, dass die Abwehr abgelenkt ist, weil sie für etwas anderes gebraucht wird. Deshalb gilt gerade in solchen Lebensphasen eine ganz besondere Vorsicht und Fürsorge für sich selbst. Mit diesem Wissen geht auch die Erkenntnis Hand in Hand, dass es vernünftiger ist, sich in gesunden und guten Zeiten voller Wohlbefinden um den Schutz seines Energiefeldes zu bemühen. Wobei der Ausdruck »bemühen« nicht ganz korrekt ist, denn es kostet nur wenig Mühe und Zeit, etwas für seine seelische Gesundheit zu unternehmen, wie Sie im zweiten Buchteil sehen werden.

Provozierte Angriffe

Anfällig für Angriffe sind auch Personen, die solche Übergriffe provozieren. Besonders in Erinnerung ist mir dazu die Geschichte eines Studienfreundes, die ich bereits in meinem Buch zum schamanischen Heilen wiedergegeben habe: Dieser Mann hatte während einer Veranstaltung den Vortragenden öffentlich angegriffen und der Lächerlichkeit preisgegeben. Die Wirkung dieser Demütigung ließ nicht lange auf sich warten, denn auf der Heimfahrt mit seinem Motorrad geschah ein Unfall, der sein Leben gefährdete und ihn monatelang ins Krankenhaus brachte. Kein Wunder, dass ihn Wut und Hass des so gründlich Blamierten trafen, als er nach dieser Veranstaltung im Hochgefühl seines Triumphes nach Hause fuhr. Nach seiner Genesung erzählte er mir, dass er im Augenblick des Unfalls erkannte, einen entscheidenden Fehler gemacht zu haben. Wer andere so verletzt, darf sich nicht darüber wundern, wenn er schließlich für sein Verhalten durch einen Angriff bestraft wird. Auch wenn ein solcher Racheakt natürlich nicht zu entschuldigen ist, menschlich verständlich ist er allemal. Nicht alle Menschen sind so selbstbewusst und in sich ruhend, dass sie eine Blamage so einfach wegstecken können.

In diesem geschilderten Fallbeispiel hat der Leidtragende dieses Angriffs eine gewisse Teilschuld an seinem Unglück. Auch Leute, die gern angeben und mit ihren Urlauben, Autos oder Beziehungen protzen, gehören häufig zu den Opfern ähnlicher Prozesse. Das massive Senden von negativer Energie geschieht jedoch nicht immer, weil eine solche Ursache zugrunde liegt. Auch Menschen, die ganz besondere Fähigkeiten haben wie die bereits erwähnten Musiker, Sänger oder begabte Redner, sind sehr häufig die Leidtragenden von energetischen Angriffen. Diese gehen meist von Konkurrenten aus, die sie um ihr Talent beneiden und daher beruflich blockieren wollen. Menschen, die künstlerische Tätigkeiten ausüben, empfehle ich wärmstens, einmal täglich ein paar Minuten für eine

Schutzübung einzuplanen und gelegentlich einen Schamanen aufzusuchen.

Irrtümer über Angriffe und Schutzmechanismen

Wir haben gehört, dass Menschen, die auf ihren beiden Beinen fest im Leben stehen und stets in ihrer Mitte sind, nicht angegriffen werden können. Aber, ehrlich gesagt, wann ist ein Individuum durchgehend »in seiner Mitte«? Dazu sind wir viel zu sehr Menschen, die Gefühle haben und von allen möglichen Ereignissen berührt und betroffen werden. Sonst wären wir ja Robotern gleich, die stets auf dieselbe Art und Weise funktionieren. Deshalb halte ich wenig von voreiligen Schuldzuweisungen wie »Du bist nicht in deiner Mitte.« oder »Warum ziehst du das an?«.

Seine Talente verstecken?
Ein Sänger, der aus Neid wegen seiner wunderbaren Stimme angegriffen wird, darf sich nicht vornehmen, von jetzt an weniger brillant zu singen, damit er keinen Neid erregt. Das wäre der falsche Weg, er wäre gegen die Natur. Sein Talent hat er schließlich als Geschenk bekommen, das er nutzen sollte. Auch Menschen mit einer charismatischen Ausstrahlung sollten sich nicht zurücknehmen, nur um nicht aufzufallen. Sonst hätten wir bald nur noch ein Feld von eintönigen und mittelmäßigen Persönlichkeiten um uns herum: nur nicht auffallen, um keinen Neid zu erregen! Dann wäre es bald so, wie mir die Bürger eines einst totalitären Staates erzählten: Sie wagten nicht, Blumen im Vorgarten auszusäen oder ihr

Häuschen nett anzustreichen, weil sie die negativen Reaktionen ihrer Nachbarn fürchteten. Sich zu verstecken ist aber nicht der richtige Ausweg, um sich vor negativen energetischen Angriffen zu schützen. Keiner soll sich kleiner machen und seine Talente verbergen müssen. Für Künstler oder Menschen mit besonderen Fähigkeiten gilt umso mehr, sich mit den in diesem Buch geschilderten Übungen zu schützen, damit sie ihre Begabungen zur Freude aller frei entwickeln können.

Einfach Licht und Liebe schicken?

Ein weiterer Irrtum, den ich unter der Rubrik »fromme Selbsttäuschung« einordne, ist die verbreitete Ansicht, gegen alles Düstere Licht und Liebe zu schicken, was auch immer man sich darunter vorstellen darf. Wenn das gelänge, sei man vor allem Übel geschützt und unangreifbar. In einigen esoterischen Büchern wird der Leser aufgefordert, alles und jeden mit Licht und Liebe zu umgeben. Was für ein unglaubliches Unterfangen! Um das ernsthaft in hoher Qualität zu bewerkstelligen, müsste derjenige spirituell sehr hoch entwickelt sein und ein erleuchtetes Bewusstsein haben. Wenn aber gemeinhin mit »Licht und Liebe« so leger umgegangen wird, hat es sicherlich wenig Kraft. Dass dem Licht eine ganz besondere Bedeutung zukommt, entspricht den Tatsachen. Hat aber schon einmal jemand daran gedacht, dass es viel wichtiger ist, das Licht zuerst in sich selbst zu erwecken, bevor es einfach so ausgestreut wird? Die heiligen Schriften vieler Völker haben sich dies zum Thema gemacht.

Krieg gegen das Böse?

Auch die unter Schamanen weitverbreitete Ansicht, man müsse, um sich oder andere zu schützen, in eine Art persönliche Kriegsführung mit negativen Energien eintreten, um sie zu bekämpfen, ist nicht sehr sinnvoll. Diese Art Energie ist nämlich nicht dumm, wie manche glauben, sondern hat eine raffinierte Intelligenz.

Sehen Sie diese Kräfte am besten als ganz natürliche, physikalische Energie an, wie wir sie jeden Tag in der Technik benutzen, indem wir zum Beispiel telefonieren, Licht anschalten oder fernsehen. Man bekommt nicht dadurch ein besseres Programm, dass man den Fernsehapparat zerschlägt. Genauso wenig Erfolg bringt es, einfach nur zu kämpfen und sich dann darüber freuen, den Angreifer in die Flucht geschlagen zu haben. Erstens deshalb, weil ein solcher Erfolg nur kurzfristig ist. Das Vertreiben führt zwar zu einer kleinen Atempause, aber nur so lange, bis schließlich alles wieder von Neuem beginnt, denn die negative Energie kehrt nach einer solchen Aktion stets zurück. Zweitens, weil diesen Angriffen raffinierte Mechanismen innewohnen; wer um des bloßen Zerstörens willen aktiv wird, erreicht oft das Gegenteil. Das bedeutet nicht mehr und nicht weniger, als dass aus einem besiegten Aggressor zahllose neue entstehen können. So ähnlich, wie es die Geschichte der Hydra aus der griechischen Mythologie erzählt. Die schlangenartige Hydra, die in den Sümpfen von Lerna lebte, war ein gefährlicher, menschenfressender Drache und galt als unbesiegbares Ungeheuer. Der Held Herakles wollte einst die Bewohner des Landes von ihr befreien, doch immer, wenn er ihr einen Kopf abschlug, wuchsen ihr zwei neue nach. Nur mithilfe einer List gelang es ihm nach einigen vergeblichen Mühen, Hydra vollkommen zu besiegen.

Dieser Mythos enthält praktisches schamanisches Wissen. Jeder, der sich auf diesem Weg befindet, hat zumindest zu Beginn seiner Arbeit die unangenehme Erfahrung gemacht, dass seine Interventionen nur von kurzfristigem Erfolg gekrönt waren, oder sogar, dass danach alles schlimmer wurde. Wer energetische Angriffe unschädlich machen möchte, muss intelligent und listenreich sein, wie der altgriechische Held oder andere Sagengestalten, die anstelle roher Gewalt ihren ganzen Ideenreichtum einsetzten, um das Böse zu besiegen.

Während meiner schamanischen Arbeit mit Patienten ist mir aufgefallen, dass auch Gebete, Kontemplation oder Meditation solche Angriffe leider nicht ganz verhindern können. Aber sie bauen anscheinend einen gewissen Schutz auf und sorgen dafür, dass ein schon erfolgter energetischer Angriff abgemildert wird. Das Opfer spürt die belastenden Einflüsse, sein Lebensgefühl wird beeinträchtigt – und dennoch wird der Anschlag durch die Kraft des Gebets deutlich abgeschwächt. Die negative Energie hat dann zwar ihr Ziel gefunden, aber die Auswirkung ist nicht so schädigend wie vom Absender geplant. Die genannten spirituellen Praktiken haben dabei eine viel nachhaltigere Wirkung, wenn wir tatsächlich zuerst unser inneres Licht kultivieren. Auch dazu finden Sie in den folgenden Kapiteln deshalb Anleitungen.

Teil II

Es gibt Hilfe – praktischer Schutz

Nachdem ich Ihnen im ersten Teil gezeigt habe, wie Sie einen energetischen Angriff diagnostizieren und die Ursache identifizieren können, biete ich Ihnen in diesem Teil nun praktische Übungen und Techniken an, mit denen Sie einen wirksamen Schutzschild für Ihre Seele aufbauen können.

Es gibt Soforthilfen, die Sie selbst als Erste-Hilfe-Programm durchführen können. Für diejenigen, die langfristig etwas mehr für ihren Schutz tun und sich insgesamt stärken wollen, schildere ich ein Grundprogramm in drei Schritten: Negativität abladen, Aura stärken und das innere Licht kultivieren. Je länger Sie dieses Programm durchführen, desto stärker werden Sie. Ein wichtiges Thema für viele Menschen ist zudem das Klären von belastenden Energien in den Wohnräumen, dem ich ein eigenes Kapitel gewidmet habe. Denken Sie aber daran, dass es auch schwere Belastungen gibt, bei denen nur ein wirklich erfahrener Schamane helfen kann. Auch dazu komme ich im Folgenden.

Soforthilfe bei Angriffen

Wenn Sie sich plötzlich unwohl oder eigenartig negativ beeinflusst fühlen und Grund dafür haben, dies für einen psychischen Angriff zu halten, dann ist es an der Zeit, etwas dagegen zu unternehmen. Es gibt zwei Bedingungen für eine Soforthilfe: Sie muss wirksam und einfach sein. Wenn Sie erst mühsam Ihre magischen Siebensachen zusammensuchen müssen, ist die Zeit für eine »Sofort«-Hilfe schon vertan. Es ist tatsächlich am besten, sofort eine Grenze aufzuzeigen, damit die negative Energie gar nicht erst ins System eindringen kann. Bei all den schützenden Maßnahmen, die ich Ihnen hier anbiete, geht es um das allgemeine Gefühl, Opfer eines Angriffs zu sein.

Wenn Sie ins Detail gehen möchten, um Genaueres zu erfahren und alte Verstrickungen zu lösen, müssten Sie einen Schamanen aufsuchen. Alle beschriebenen Anwendungen sind dafür gedacht, dass Sie sich selbst schnell und unkompliziert helfen können, wenn es nötig ist.

Die allerschnellste Hilfe

Mein erster Rat ist, dass Sie sich sobald wie möglich ein deutliches und für Sie wirksames Bild ausdenken, um es bei einem Angriff als markante Grenze zwischen sich und das Gegenüber zu stellen.

Praxis: Das schützende Bild

Dieses Bild wählen Sie sich einmal aus – und dann können Sie es immer nutzen. Sie können aber jederzeit üben, es sich deutlich und markant vorzustellen und seine für Sie positive Kraft zu spüren.

- Wählen Sie sich das Bild eines beliebigen Gegenstands oder Tieres aus. Zum Beispiel eine gläserne Rose, ein Gemälde oder eine Hummel. Die meisten bevorzugen ein angenehmes Bild, das in ihnen Wohlbefinden auslöst. Ich selbst habe eine Vorstellung gewählt, die Kraft in den Raum stellt. Damit möchte ich sagen, dass es sich bei dieser Technik nicht immer um ein liebliches Bild handeln muss. Welches auch immer Sie wählen, bleiben Sie bei dieser einen Vorstellung, denn es wird bei jeder Anwendung gleichsam aufgeladen.
- Malen Sie sich dieses Bild vor Ihrem geistigen Auge so intensiv und deutlich aus, dass Sie es jederzeit einsetzen können.
- Wenn Sie in die unangenehme Lage kommen, sich angegriffen zu fühlen, imaginieren Sie sofort dieses Bild zwischen sich und dem Angreifer. Es wird Ihnen sofort spürbar besser gehen.

Schneller Schutz vor Energievampiren

Jeder von uns hat ganz sicher schon des Öfteren einen Energievampir als Gegenüber gehabt und während der Kommunikation mit ihm gespürt, wie die eigene Lebensenergie drastisch abgenommen hat. Solche Erfahrungen sind alltäglich, und führen meist zu einem sofortigen Gefühl des Unbehagens. Die häufigsten Symptome sind Schwindel und Desorientierung in Hinterkopf und Nacken, Unruhe und ein starkes Leeregefühl in der Körpermitte. Das Ganze kann sogar schon während eines telefonischen Kontaktes geschehen. Besonders betroffen sind Menschen, die in helfenden Berufen arbeiten oder in Familienkonflikte verstrickt sind.

Das Gute daran ist, dass sich das Opfer schneller regenerieren kann als bei anderen energetischen Angriffen und bald wieder seinen ursprünglichen Energielevel erreicht. Energievampire schädigen andere nicht mit Absicht. Nein, sie möchten sich selbst nur ganz praktisch durchs Leben schlängeln, ohne für sie unbequeme, aber notwendige Veränderungen vorzunehmen. Von den Techniken, die Geschädigte oft automatisch anwenden, sind die besten, erst einmal Abstand zu schaffen – und etwas Ordentliches zu essen, um sich wieder aufzutanken.

Praxis: Bestimmt auftreten und die Oberfläche verkleinern

Bei einem Vampirangriff hilft nur eines, nämlich Distanz zu halten und sich rechtzeitig abzugrenzen. Nach schamanischer Ansicht bietet man einem Energievampir eine umso größere Angriffsfläche, je schwammiger und unentschiedener man auftritt. Das ist ungefähr so wie bei einem Stück Käse, der in geriebener Form durch die vergrößerte Oberfläche leichter Schimmelpilze auffängt. In der schamanischen Tradition gilt es aus diesem Grund als klug, lieber etwas kurz angebunden zu sein und nicht zu viel von sich preiszugeben. Unter anderem auch aus dem Grund, sich selbst und seine Energie möglichst verdichtet zu halten.

- Verkleinern Sie Ihre »Oberfläche« und komprimieren Sie Ihre Reaktionen. Zeigen Sie nicht so viel von sich und sagen oder tun Sie das, was Sie sagen oder tun, mit Bestimmtheit. Diese signalisiert dem Energieräuber, dass er mit Ihnen ein starkes Gegenüber hat, das dafür sorgt, dass seine Kraft bei ihm bleibt und nicht abgesaugt wird.
- Scheuen Sie sich nicht vor dieser Bestimmtheit und einer gewissen Verschlossenheit, weil Sie befürchten, dann für unhöflich gehalten zu werden. Das Gegenteil ist der Fall: Beides erleichtert den Umgang miteinander, insbesondere mit Energievampiren.

Praxis: Zeitlimit setzen

Eine weitere gute Methode, um seine »Oberfläche« zu verkleinern und damit Abstand zu gewinnen, ist es, die Zeit zu begrenzen und etwa zu Beginn eines Kontaktes zu sagen: »Ich habe jetzt zehn (oder wie viel auch immer) Minuten Zeit für ein Gespräch mit Ihnen, danach möchte/muss ich noch dies oder jenes tun.« Das ist sehr hilfreich, denn der Vampir weiß jetzt, dass er sich kurzfassen muss. Und falls er tatsächlich ein Anliegen hat, trägt er nur dieses vor und lässt dabei die schlechte

Angewohnheit außer Acht, seine negative Gefühle und seinen Frust vor Ihnen abzuladen und Ihre Energie abzusaugen.

Praxis: Arme verschränken

Eine andere wirksame Technik wenden einige Betroffene ganz automatisch an: Sie kreuzen unwillkürlich die Arme vor der Brust oder vor dem Solarplexus, so als ob sie sich vor einem Schlag schützen wollten. Ich konnte auch beobachten, dass es hilft, den Nacken unauffällig leicht nach vorn gebeugt zu halten, um keinen direkten Blickkontakt aufzunehmen. Gerade diese einfache Technik ist besonders im Visionsschamanismus verbreitet, denn sie erlaubt einem erfahrenen Schamanen, die wahren Absichten seines Gegenübers wahrzunehmen. Ich selbst versuche bei solchen Kontakten eine Körperhaltung einzunehmen, in der ich nicht frontal zu der anderen Person stehe oder sitze. Auch das tun einige Menschen ganz automatisch! Sehen Sie sich einmal in einer Gesellschaft um und zählen Sie die Personen, die mit vor Brust oder Bauch gekreuzten Armen auf einem Stuhl herumrutschen oder sich stehend mit einem Weinglas in der Hand hin und her winden. Und beobachten Sie, mit wem sie sich gerade unterhalten. Mit den geschilderten einfachen Methoden schützen sie sich instinktiv vor solchen im Grunde relativ harmlosen Übergriffen. Sie können diese Möglichkeiten fortan bewusst für sich einsetzen.

Praxis: Blickkontakt einschränken

Um zu verhindern, durch einen direkten Blick des »Vampirs« getroffen zu werden, ist es ratsam, während des Gesprächs nur auf ein Auge, das rechte oder das linke, dieser Person zu sehen. Der Blick eines Energieräubers kann sehr invasiv sein! Jeder weiß, welcher Gefühlsausdruck in einem Blick liegen kann: Er kann voller Liebe sein, voll freundlicher Besorgnis, aber auch voller Verachtung oder Hass.

Öffnen Sie sich nicht diesem Sog aus beiden Augen des anderen, sondern fokussieren Sie mit Ihren beiden Augen nur ein Auge Ihres Gegenübers. Das fällt nicht weiter auf, das heißt keiner wird Sie fragen, weshalb Sie so merkwürdig schauen.

Im Grunde handelt es sich hierbei um altes schamanisches Wissen, das sich in verschiedenen Bräuchen niedergeschlagen hat. Gefürchtet war und ist der »Böse Blick«! Aus Angst vor einem direkten Blickkontakt, der sich negativ auswirken könnte, verwendet man zum Beispiel in der Türkei noch heute die bekannten blauen Glasaugen als Amulette. Oder denken Sie auch an die Luzzi-Boote der Malteser, die sich durch die am Bug aufgemalten Augen gegen den Bösen Blick schützen. Oder an die rote Koralle einiger Südländer, mit der sie sich und ihre Autos gegen ihn absichern.

Praxis: Atem kontrollieren

Mir scheint auch wichtig zu sein, dass wir nicht unmittelbar die Luft einatmen, die negativ gepolte Personen ausatmen. Auch aus diesem Grund ist Abstandhalten ein guter Rat. Nicht nur deshalb, weil die Atemluft dieser

Menschen oft einen unangenehmen Geruch hat. Halten Sie auch Ihren Mund geschlossen, wenn Sie selbst nicht sprechen, denn das verhindert, dass Sie unwillkürlich negativ geladene Informationen, die mit der Trägersubstanz Atem transportiert werden, aufnehmen. Natürlich teilen wir uns Sauerstoff und Atmung mit allen anderen Lebewesen und können es nicht vermeiden, auch deren Ausatmung einzuatmen. Aber wir begeben uns auf gefährliches Terrain, wenn wir die direkte Abatmung gewisser Menschen ungeschützt einatmen.

Praxis: Gläserne Wand

Eine Soforthilfe, die ich bei einem aktuellen Zusammentreffen, aber auch bei schwächenden Telefonkontakten anwende, ist die »Gläserne Wand«. Wenn ich während eines Gesprächs ein unbehagliches Gefühl im Solarplexus bemerke und den Eindruck habe, dass meine Energie in Mitleidenschaft gezogen wird, lasse ich eine dicke, imaginäre Glaswand von oben herabsinken. Und zwar genau zwischen mich und die betreffende Person. Dabei stelle ich mir vor, dass sie hörbar auf dem Boden einrastet. Sie trennt mich energetisch von meinem Gesprächspartner, sodass ich mich in Ruhe mit ihm unterhalten kann, ohne seinem schwächenden Einfluss ausgesetzt zu sein. Über den sofortigen Erfolg dieser recht einfachen Maßnahme bin ich immer wieder erstaunt!

Praxis: Die Lebensenergie schützen

Eine andere Methode, die dazu dient, die eigene Lebensenergie zu schützen und wieder aufzubauen, hat ihre Wurzeln in dem uralten Wissen der chinesischen Tradition. Vor vielen hundert Jahren schon erkannte man in China, dass die Lebensenergie auf bestimmten Wegen, die man Leitbahnen oder Meridiane nannte, durch den menschlichen Körper fließt. Das kann man sich wie ein kompliziertes Straßennetz vorstellen, mit dessen Hilfe die Vitalenergie zu den Organen hin und verbrauchte Energie wieder abtransportiert wird. Für uns ist interessant zu wissen, dass diese Leitbahnen nicht durch Mediziner entdeckt wurden, sondern durch daoistische Mönche, die den Kosmos mit schamanischen Augen erfassten und interpretierten. Aus ihren Erkenntnissen entstand auch die Lehre der Akupunktur. Die beiden Hauptleitbahnen dieses Systems ziehen sich auf der Vorder- und auf der Rückseite des Körpers vom untersten Punkt des Rumpfes an senkrecht nach oben. Sie teilen also den Körper vertikal in zwei Hälften.

Bei energetischen Angriffen, ob sie nun unbewusst oder bewusst geschehen, werden diese wichtigen Lebensadern blockiert. Falls Sie ein Gegenüber vor sich haben, das während einer angeregten Unterhaltung mit den Händen schnelle Querbewegungen in Ihre Richtung macht – und das kann ganz natürlich aussehen –, brauchen Sie sich nicht zu wundern, wenn Sie sich anschließend recht elend fühlen. Denn allein durch diese Bewegung wird der Fluss der Vitalenergie in diesen Meridianen spürbar unterbrochen. Aber auch hier können Sie sich helfen.

- Wenn Sie eine solche Bewegung Ihres Gegenübers bemerken, sollten Sie sich möglichst schnell unauffällig an einen ungestörten Ort zurückziehen.
- Streichen Sie mit einer ruhigen Handbewegung von unten nach oben über Ihren Körper und folgen Sie damit dem Verlauf dieser lebenswichtigen Energielaufbahn. Beginnen Sie am Becken und streichen Sie an der Vorderseite hinauf bis zur Unterlippe.
- Anschließend tun Sie dasselbe am Rücken, indem Sie ebenfalls von unten bis über den Scheitel, dann zur Nase und zur Oberlippe streichen. Dabei brauchen Sie den Körper nicht zu berühren, es reicht vollkommen aus, die Hände in einem Abstand von etwa fünf Zentimetern über der Kleidung nach oben zu bewegen. Am Rücken gestaltet sich das naturgemäß schwieriger als auf der Vorderseite des Körpers. Geben Sie daher an den Stellen, die Sie nicht erreichen können, mit den Händen einen Impuls, so als ob Sie die Energie nach oben schleudern würden. Es reicht vollkommen aus, wenn Sie versuchen, diese Linie so weit wie möglich nachzuvollziehen. Imaginieren Sie dabei ihren vollständigen Verlauf auch über den Stellen, zu denen Sie nicht hinreichen.
- Vollführen Sie die Bewegungen jeweils dreimal, dann ist die Blockierung der Meridiane aufgehoben und die ursprüngliche Energetik wiederhergestellt.

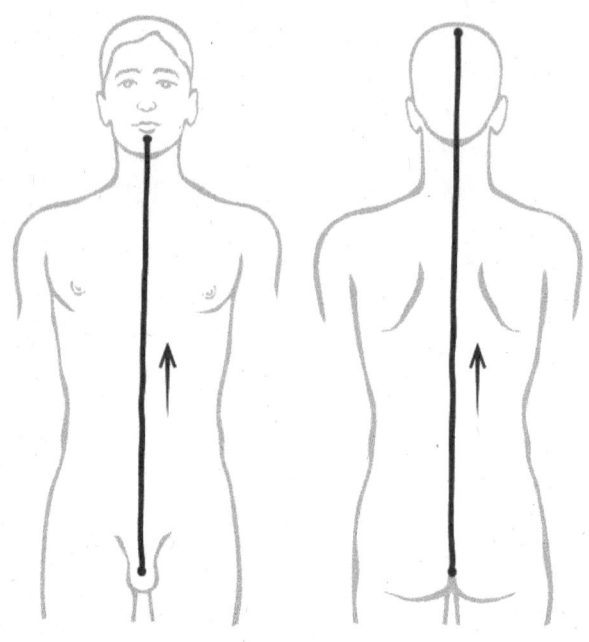

Die Hauptmeridiane ausstreichen

Schutz durch Pflanzen und Wasser

Erfahrene Schamanen raten oft, auf die schützenden Kräfte der Natur zu vertrauen. Sie wussten von jeher, dass es gewisse Pflanzen gibt, die negative Einflüsse abweisen. Dazu gehören alle Gewächse, die einen besonders starken Geruch (zum Beispiel Minze und Salbei), Brennhaare (Brennnessel, Bärenklau) oder Stacheln (Rosmarin, Rose, Ginster, Brombeere, Wacholder) haben. All diese Eigenschaften symbolisieren, dass diese Pflanzen sehr wohl dazu in der Lage sind, sich gegen schädliche

Einflüsse von außen zu wehren. Sie alle bilden eine magische Grenze, die nur schwer zu durchdringen ist. Die Ausnahme von dieser Symbolik bildet ein Strauch, der zwar keines dieser Merkmale hat, aber im magischen Volksbrauchtum für ganz besonders zauberkräftig gehalten wird: der Holunder.

Einige deutsche Arzneimittelfirmen, die spagyrisch arbeiten, stellen Essenzen aus Pflanzen her, die als Spray über die Aura gesprüht werden und so eine schützende Hülle bilden. Hier bietet sich zum Beispiel eine spagyrische Essenz von Holunder an, mit der man sich besprüht und so eine wirksame Hilfe gegen eindringende negative Wesenheiten hat.

Wenn wir einem Angriff ausgesetzt sind, sollten wir uns so bald wie möglich unter fließendem Wasser reinigen und auch die Haare waschen. Duschgele, die aus den Extrakten jener speziellen Pflanzen hergestellt werden, sind hier besonders wirksam. Ich denke dabei insbesondere an die Essenzen von Salbei, Brennnessel, Rosmarin, Wacholder oder Minze. Diese Pflanzen besitzen eine starke Wirkung gegen negative Kräfte, und das Angenehme dabei ist, dass wir sie tatsächlich bequem in einem Supermarkt oder in der Drogerie kaufen können. Dadurch haben wir auch in den Jahreszeiten, in denen keine dieser Pflanzen in der Natur zu ernten ist, eine gute Möglichkeit, uns zu schützen. Manchmal hat man auch einfach nicht die Zeit, erst selbst einen Pflanzenextrakt oder einen entsprechenden Sud herzustellen. Halten Sie also immer eine Flasche mit einer dieser Phytoessenzen in Ihrer Vorratskammer bereit.

Praxis: Drei schützende Pflanzenessenzen herstellen

Erwarten Sie ruhig, dass diese drei wertvollen Essenzen Ihnen in mehrfacher Hinsicht Schutz und Abwehr geben. Denn sie sind aus dem Schatz der schamanischen Pflanzenwelt, und ihre Wesenheiten tun, was sie versprechen! Aber erwarten Sie bitte kein Parfüm. Ihr Duft ist besonders für Leute, die in Städten leben, ungewohnt krautig und herb. Aber auch dieser zunächst fremdartige Geruch ist, ähnlich wie Stacheln oder Dornen, ein Teil des Schutzes, den Ihnen diese Pflanzen geben.

Weißdornessenz

Eine wunderbare Essenz, die Sie sowohl als Spray für die Aura verwenden als auch in Tropfenform einnehmen können. Um sie herzustellen, braucht es etwas Geduld, denn Sie müssen Frühling, Sommer, Herbst und Winter durchlaufen, bevor die Essenz fertig ist.

- Nehmen Sie eine hübsche Glasflasche zur Hand, die mit einem Schraubverschluss zu verschließen ist.
- Im Frühjahr ernten Sie die Blätter sowie die weißen Blüten des Weißdorns, der als Strauch wild am Wegrand wächst. Füllen Sie etwa eine Handvoll gemischter Blätter und Blüten in eine Flasche, die 750 Milliliter fasst. Zu Hause gießen Sie so viel 30-prozentigen Alkohol darauf, dass die Pflanzenteile bedeckt sind.
- Im Herbst ernten Sie die roten Früchte. Geben Sie davon eine Handvoll mit in die Flasche. Dazu kommen noch ein, zwei Zweiglein, die Sie in zwei Zentimeter lange Stücke geschnitten haben. Füllen Sie nun die Flasche ganz mit Alkohol auf.

- Bewahren Sie die Flasche bei Zimmertemperatur auf, am besten an einer lichtgeschützten Stelle.
- Im nächsten Frühjahr haben Sie dann eine Essenz, mit der Sie, wenn Sie sie einnehmen, das Herz stärken. Und wenn Sie sie über die Aura sprühen, bauen Sie einen sehr schönen Schutzschild um sich auf. Wenn Ihre persönliche Ausstrahlung dann mit Herzensenergie erfüllt ist, wirkt das so glänzend und positiv, dass Sie von Ihren Mitmenschen nur ebensolche freudige Energie zurückbekommen werden.

Circea-Essenz

Diese unscheinbare »Zauberpflanze« ist einzigartig, denn sie macht einen Menschen sozusagen unwiderstehlich. Die Pflanze ist nach der Zauberin Circe benannt, die den Helden Odysseus und seine Gefährten mit ihrer Schönheit so »becircte«, dass sie sich beinahe nicht mehr von ihr befreien konnten. Allein dieses Gewächs zu entdecken – und das gelingt nicht jedem –, ist eine sehr geheimnisvolle Angelegenheit. Denn die Circea, das scheue Pflanzenwesen, scheint selbst auszuwählen, von wem es sich finden lassen möchte. Entweder zeigt es sich einem Menschen oder aber nicht. Circea blüht im Spätsommer – als Unkraut.

Um dieser Frage gleich vorzubeugen: Nein, ich vertreibe keine Circea-Essenz. Aber ich gebe Ihnen gern das Rezept zur Eigenherstellung:

- Füllen Sie ein paar Stängel des blühenden Krautes in eine kleine Glasflasche und bedecken Sie sie mit 30-prozentigem Alkohol.

- Bewahren Sie das Ganze an einer lichtgeschützten Stelle bei Zimmertemperatur auf. Nach vier Wochen ist die Essenz fertig.
- Sie können sich dann damit die Stirnpartie zwischen den Augen einreiben. Nach schamanischer Erfahrung verstärkt sich die positive Ausstrahlung dann derartig, dass an einen Angriff nicht mehr zu denken ist. Denn die Circea lässt einen Menschen so liebenswürdig erscheinen, dass sich düstere Absichten wie von selbst verbieten.

Eine starke Schutzessenz

Diese dritte, stark schützende Essenz hat auch einen starken, krautigen Geruch, den man, um der guten Wirkung Willen, in Kauf nehmen muss.

- Nehmen Sie ein bis zwei Hände voll Brennnesselblätter und werfen Sie sie in einen Dreiviertelliter kochendes Salzwasser.
- Dann zerbröseln Sie einen Zigarillo und geben ihn ebenfalls in den Sud.
- Das Ganze sollte zehn Minuten kochen und wird danach durch ein Sieb gegeben.
- Nach dem Erkalten können Sie einen Teil der Flüssigkeit in eine kleine gläserne Sprayflasche füllen, wie man sie in jeder Apotheke kaufen kann.
- Ich empfehle, sich den Sud morgens und abends in die Aura zu sprühen. Diese Schutzessenz wirkt besonders bei psychischen Angriffen, deren Verursacher man nicht kennt. Die Anwendung sollte auf drei Tage begrenzt werden und kann nach einer Pause von ebenfalls drei Tagen wieder aufgenommen werden, wenn es nötig erscheint.

Praxis: Waschung und Reinigung

Die Wirkung aller schützenden Kräuter können Sie verstärken, wenn Sie nach der Dusche ein Öl oder eine Essenz aus diesen Pflanzen auf die noch feuchte Haut auftragen. Das umgibt Sie nämlich wie ein unsichtbarer Schutzschild. Legen Sie anschließend alle getragene Wäsche in die Waschmaschine und ziehen Sie frisch gewaschene Sachen an. Bitte achten Sie in dieser Zeit besonders darauf, keinen Flecken auf der Kleidung zu haben. Jeder kleine Schmutzfleck wird die negative Energie wieder anziehen, denn sie betrachtet ihn gewissermaßen als Einladung. Vielleicht haben Sie es auch schon einmal in der Außenwelt, sei es in der Natur oder zum Beispiel in einer Unterführung, beobachtet: Zuerst hat nur eine Person ihren Abfall hinterlassen. Aber über kurz oder lang wird der ganze Platz verschandelt, weil immer mehr Leute diesem Beispiel folgen. Dunkles zieht Dunkles an. Beziehen Sie auch Ihr Bett neu, besprühen Sie es mit einer Essenz und verschieben Sie es sogar an eine andere Stelle im Schlafraum oder verrücken Sie es wenigstens, soweit es möglich ist, in eine veränderte Position. All diese Maßnahmen bilden einen starken Schutz vor eindringenden negativen Energien.

Eine besondere Schutzpflanze der Kelten

Im heutigen Österreich lebt, ganz versteckt in einer einsamen Gebirgslandschaft, die Gestalt des keltischen Herrschers Voccio fort. Bis in unsere Zeit hinein hält er Hof auf dem Großen Königstuhl. Um diesen Berg herum, an dem die drei Länder Salzburg, Steiermark und Kärnten zusammentreffen, befindet sich ein Gebiet der geheimnisvollen

»Alten Welt«. Damit ist das keltische Reich Noricum gemeint. König Voccio blickt von seinem Sitz aus auf eine rätselhafte Kultanlage: drei künstlich geschaffene, gewölbte Erdkreise, die sich wie Inseln aus dem Hochmoor erheben. Als Zeichen seiner Unbesiegbarkeit trägt der Keltenfürst einen Schutzmantel aus Zerphas. Zerphas ist der keltische Name einer heiligen Pflanze, die auf den Bergen Noricums wächst. In der Botanik wird sie *valeriana celtica* (»keltischer Baldrian« oder »Speick«) genannt. Diese winzige Pflanze bedeckt die Bergkuppen wie ein dichter Teppich und strömt einen würzigen Duft aus.

Auch wir heutigen Menschen können ihre Schutzkraft nutzen. Das Wunderbare nämlich ist, dass ihr magischer Schutz ganz heimlich in unsere moderne Zeit hineingewandert ist. Wir müssen nicht mehr mühsam auf hohe Berge klettern, um Zerphas zu finden, wir müssen keine Wurzeln ausgraben und keinen Sud kochen. Gehen Sie in die nächste Drogerie und verlangen Sie dort Speick-Duschgel und Speick-Seife. Sie enthalten die gleiche Essenz, die einen der stärksten Schutzmäntel um uns webt. Und mein Wunsch ist, dass die Menschen wissen, welcher Schatz für sie in diesen Produkten bereitgehalten wird. Beim Duschen wäscht der Zerphas die belastenden Energien von uns ab und sein herber Duft umgibt uns mit einem intensiven Schutzmantel, der uns – wie König Voccio – unangreifbar macht.

Massieren Sie mit diesem Gel oder der Seife besonders die Brust, den Solarplexus, den Unterbauch, den Kopf und den Nacken ein, bevor Sie sich abduschen. Sie werden spüren, wie negative Energien verschwinden und Sie ein immer stärker werdender Schutzmantel umgibt. Mit der Zauberpflanze Speick haben Sie eines der mächtigsten pflanzlichen Schutzwerkzeuge zur Hand, und das in praktischer Form.

Spiegel

Viele von uns sind es gewohnt, täglich mit einer größeren Menge von Menschen zusammenzutreffen, oft in einem beruflichen oder gesellschaftlichen Kontext. Da lässt es sich nicht verhindern, von verschiedenen Seiten negativen Energien ausgesetzt zu sein. Es gibt dabei besondere Anlässe, bei denen Sie sich leicht zur Zielscheibe von Neid und Missgunst machen können: Sie halten einen Vortrag oder ein Seminar oder Sie müssen mit aggressiven Menschen oder in einem schlechten Betriebsklima arbeiten.

Wenn Sie einen kleinen runden oder eckigen Taschenspiegel zu Hause haben, besitzen Sie ein erstklassiges Hilfsmittel gegen negative Energie. Nicht umsonst sind in viele volkstümliche Trachten winzige Spiegel eingearbeitet. Besonders attraktiv sind die Salwar Kamizee der Inderinnen: knielange Kaftane über Hosen getragen, in deren Vorderseiten kleine runde Spiegelstücke genäht sind. Aber auch südamerikanische oder nordeuropäische indigene Völker tragen zum Schutz diese Spiegelscherben oder zumindest glänzende Metallplättchen in ihrer Kleidung. Dieser Brauch findet eine Entsprechung in der uralten Legende eines mythischen Ungeheuers, des Leviathans, der über sein eigenes Spiegelbild dermaßen entsetzt war, dass er sich selbst zerstörte und in tausend Stücke zersprang. Die Idee dahinter ist, dass dieses Fabelwesen sein eigenes grauenvolles Gesicht nicht ertragen konnte und durch dessen Widerspiegelung vernichtet wurde.

Genauso können kleine Spiegel auch bei uns modernen Menschen als Schutzschilde wirken. Stecken Sie einen davon mit der Spiegelseite nach außen in die Brusttasche eines Hemdes oder einer Bluse, wenn Sie mit negativen Personen umgehen müssen. Diese bekommen dadurch ihre eigene Aggression zurückgespiegelt, Ihnen selbst kann sie dann nicht mehr schaden. Ein Freund von mir, der als Psychiater in Norddeutschland arbeitet, hat aus diesem Grund einen kleinen Taschenspiegel unauffällig in seiner Schreibtischgarnitur angebracht. Er versicherte mir, dass er seitdem nach einem langen Arbeitstag viel frischer ist.

Schützende Zeichen

Eine ganz spezifische Situation ist es, wenn Sie genau wissen, wer oder was Sie mit psychisch negativer Energie belästigt. Denn in den besonderen Fällen psychischer Angriffe werden einem energetisch beinahe die Füße unter dem Körper weggezogen, man verfällt in einen sofortigen Kräfteverlust, in Schwäche und eine Art Erstarrung. Nur noch die wichtigsten und notwendigen Überlebensmechanismen gelten in einem solchen Zustand. Glauben Sie bloß nicht, dass Ihnen dann etwas Gutes zu Ihrer Verteidigung einfällt! Sie sind viel zu angeschlagen und können weder nachdenken noch sich konzentrieren. Jeder erfahrene Schamane weiß das und schafft sich beizeiten, also dann, wenn es ihm gut geht, einen Vorrat an mächtigen Zeichen. An ein einfaches Symbol kann man sich nämlich immer erinnern, und es erfordert auch keine besondere Konzentration, es sich vorzustellen, wenn man selbst keine Energie mehr hat, um sich anderweitig zu schützen. Die stärksten Symbole zählen auch zu den ältesten in der Tradition der Magie: Kreis, Kreuz, Pyramide und Pentagramm. Aber auch Ihr Bild, das Sie sich anfangs bei der Beschreibung der »allerschnellsten Hilfe« bereitgelegt hatten, gehört hierher.

Praxis: Ein Schutzkreis aus Licht

Um einen Schutzkreis zu ziehen, stellen Sie sich so, dass Sie nach Osten blicken. Denn auch im Schamanismus gilt das alte lateinische Sprichwort *ex oriente lux*, »Aus dem Osten kommt das Licht«. Diesen Satz kann man in dreifacher Weise interpretieren. Zuerst wird damit ein natürlicher Vorgang, nämlich das Aufgehen der Sonne im Osten, beschrieben. Später erweiterte man ihn auf die Lehren des Christentums und schließlich auf alle anderen Weisheitslehren, die aus dem Osten zu uns kamen, wie zum Beispiel die Lehre des Zarathustra oder den Buddhismus. Wir nehmen, wenn wir mit dem Gesicht nach Osten stehen, symbolisch das Licht der aufgehenden Sonne, das alle Dunkelheit vertreibt, in unser Schutzritual hinein.

- Sie stehen mit dem Gesicht nach Osten und fangen in Ihrer Vorstellung einen hellen Lichtstrahl mit den ausgestreckten Fingern der rechten Hand auf. Sie folgen dem Lauf der Sonne, in dem Sie sich im Kreis drehen. Schön ist es, wenn Sie tatsächlich die reale Morgensonne nutzen und die Übung in der Früh vollziehen.
- Zuerst wenden Sie sich also von Osten nach Süden, dann nach Westen und Norden, bis Sie schließlich wieder im Osten angekommen sind.

- Machen Sie das dreimal und imaginieren Sie intensiv das Bild einer strahlenden Lichtspur, die Sie umgibt.
- Wer diese Übung noch verstärken möchte, bleibt jeweils eine Minute in jeder Richtung stehen und ruft die dazugehörigen schützenden körperlosen Mächte, nämlich die Engel, an: im Osten den Erzengel Raphael, im Süden Michael, im Westen Gabriel und im Norden Uriel.
- Dieses kleine Ritual können Sie mehrmals am Tag vollführen, wenn Sie von negativen Energien bedroht oder bereits belästigt werden. Es ist allerdings gut, es bereits vorbeugend zu üben, damit Sie vor Angriffen geschützt sind oder sich im Falle eines Falles wirklich schnell und wirksam helfen können.

Praxis: Ein schützendes Kreuz imaginieren

Auch das Symbol eines Kreuzes ist hier wichtig. Man wird sich bei einem Angriff leicht daran erinnern können. Es wird als schützendes Ornament in allen Kulturen verwendet und ist auf unterschiedlichste Weise zu interpretieren. Ich halte es für eine sehr wirksame Abwehr, die eine spürbare Erleichterung bringt, besonders dann, wenn Sie einen magischen Angreifer direkt vor sich haben. Das kann jemand sein, der Sie mit seinen Aussagen herabwürdigen oder kränken will, oder auch ein Energievampir. Bei beiden spüren Sie die starke negative Energie in seinen Worten und in der Ausstrahlung, die ihn umgibt und auf Sie überspringen möchte.

Ein beinahe gleiches Vorgehen wie das im Übungsablauf beschriebene habe ich von einem ungarischen Taltoś erfahren. Auch diese Schamanen empfehlen zum Schutz vor übergriffigen, negativen Personen, sich ein mächtiges Zeichen vorzustellen, das aufrecht zwischen Ihnen und dem Angreifer imaginiert wird.

- Imaginieren Sie im Geiste ein strahlendes, großes Kreuz zwischen sich und Ihrem Gegenüber. In Ihrem Herzen erinnern Sie sich an einen alten Zauberspruch der nordischen Schamanen: »Diesem Licht weicht aller Spuk.« Die dunkle Macht wird sofort gebannt.
- Falls sich magische Angriffe nachts in Form von Angst oder Albträumen zeigen und Sie wie gelähmt im Bett liegen, dann zeichnen Sie ein Kreuzzeichen mit der Zunge an den Gaumen.

Das Kreuz wird bei uns vor allem als christliches Symbol gesehen und aus diesem Grund von anders Orientierten oft abgelehnt. Aber es ist nicht nur Symbol dieser einen Religion, es steht auch für die vier Himmelsrichtungen, die für die Schamanen eine Quelle der Kraft sind, und für die vier Elemente und deren Qualitäten. Da das Christentum, was allerdings kaum bekannt ist, zahlreiche schamanische Elemente und Rituale enthält und praktiziert[4], sollten auch kritische Personen versuchen, sich mit diesem Schutzzeichen anzufreunden.

Praxis: Ein schützendes Pentagramm errichten

Das Pentagramm, der heilige Fünfstern, ist ein starkes Symbol, das Eingeweihte und Schamanen seit mehreren Tausend Jahren zu ihrem Schutz verwenden. Besonders

---

[4] Siehe auch mein Buch »Schamanisch Heilen«, ab Seite 278.

detailliert wird es in der jüdischen Kabbalah beschrieben und genutzt. Schamanen wissen, dass dieses Zeichen sowohl Elementargeister als auch negative Kräfte bannen kann. Richtig gezeichnet oder imaginiert, nämlich mit der Spitze nach oben, symbolisiert es den aufrecht stehenden Menschen, der mit ausgestreckten Armen und leicht gespreizten Beinen fest und unangreifbar im Leben steht. Nur auf diese Art und Weise schützt der Fünfstern. Noch heute bewährt sich die sehr wirksame und uralte Technik, vor seinem Körper im Geiste einen fünfzackigen Stern aufzurichten.

- Stellen Sie sich wiederum so, dass Sie nach Osten, zum Beginn des Lichts, blicken. Die Arme und Hände hängen locker an den Körperseiten herab.
- Strecken Sie Zeige- und Mittelfinger der rechten Hand aus. Bewegen Sie dann den ausgestreckten Arm von der rechten Hüfte schräg nach oben, bis er an der linken Schulter angelangt ist.
- Als Nächstes folgt eine waagerechte Linie von der linken zur rechten Schulter.
- Bewegen Sie nun die Hand von dieser Stelle schräg nach unten zur linken Hüfte.
- Von dort ziehen Sie eine Linie hoch über den Kopf.
- Die letzte Linie wird von dort wieder schräg nach unten zur rechten Hüfte gezogen.
- Mit diesen fünf Zügen haben Sie ein vollkommenes und geschlossenes Pentagramm vor sich aufgerichtet.

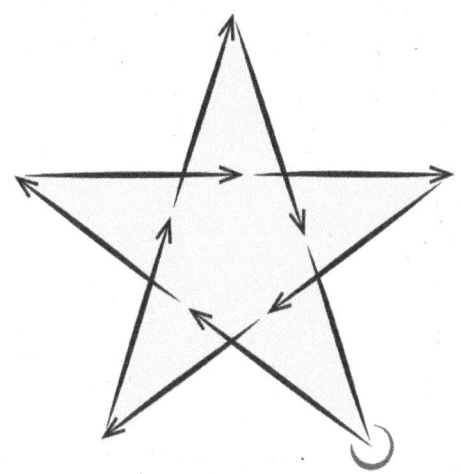

Ein Pentagramm aufrichten

Die Kraft der magischen Schilde

In den schamanischen Welten weiß man um die vielfältigen Möglichkeiten des persönlichen Schutzes. Einen wichtigen Platz nehmen hier auch die magischen Schutzschilde ein.[5] Seit vielen Jahren verwende ich sie mit sehr gutem Erfolg in meiner Praxis. Bei diesen schamanischen Schilden geht es darum, in der Unteren Welt, einer der drei Welten, die Schamanen in Trance bereisen, ein Symbol zu finden, das bei persönlichen Problemen hilft oder vor bestimmten Angriffen schützt. Dieses wird dann in einen Kreis hineingezeichnet und aufgestellt. Es sollte mehrmals täglich ein paar Sekunden lang intensiv ange-

---

5 Siehe auch mein Buch »Deine Glückssymbole. 111 magische Schutzschilde«

sehen werden, damit es durch das Auge in das Sehhirn und ins Zentralnervensystem eintreten und dort wirken kann. Hochfrequenzaufnahmen, die am Institut für Hochfrequenzfotografie in München gemacht wurden, zeigten, dass die positive Wirkung dieser Symbole schon nach sechzig Sekunden der Betrachtung deutlich messbar war.

Wie entdeckte ich diese hilfreiche, aber ungewöhnliche Methode? Ich jedenfalls hatte zuvor noch nie von jemandem gehört, der gezielt magische Zeichen anfertigte, die bei den unterschiedlichsten Bedürfnissen und Nöten halfen. Bei meinen zahlreichen schamanischen Reisen, die ich für Patienten unternahm, wurde ich eines Tages an einen Ort in der Unteren Welt geführt, an dem diese Symbole aufbewahrt werden. Es war der geheimnisvolle Platz der schamanischen Schutzschilde. Neugierig sah ich mich um, eine unübersehbare Menge von runden Schilden war dort gelagert, jeder war mit einem anderen Zeichen versehen. Für all die Bedürfnisse der Menschen, die sich im Laufe des Lebens auftun.

Die Frage war nun, wie waren sie praktisch zu nutzen? Es war mir handwerklich unmöglich, solche Schilde genau in der gleichen Art herzustellen, wie ich sie vor mir sah – aus Leder, das in einen runden Holzrahmen gespannt war. Also begnügte ich mich damit, eines der Symbole aufzuzeichnen. Und es wirkte auch in dieser Form ganz erstaunlich! Mir wird seither auf meinen Reisen immer derjenige Schild gezeigt, der für den jeweiligen speziellen Fall geeignet ist. Wenn ich wieder aus der Trance auftauche, zeichne ich ihn auf eine Papierkarte und übergebe ihn dem Patienten. Ehrlich gesagt, ich war über die Effekte selbst erstaunt und habe auch heute noch keine ausreichende Erklärung für die gute Wirkung.

Während meiner Arbeit machte ich die Erfahrung, dass es auch allgemeingültige Schilde gibt, die jedem helfen, der ein ähnliches Problem hat. Zwei dieser Schilde möchte ich Ihnen im Rahmen der Soforthilfemaßnahmen an die Hand geben.

Praxis: Schild gegen selbstvergiftende Gedanken

Dieser Schild zeigt eine Frau, die in einem Spinnennetz gefangen ist. Es ist für diejenigen von uns gedacht, die sich selbst im Wege stehen und durch giftige Gedanken ihre eigenen Pläne zerstören, ohne dass sie es selbst gewahr werden. Hier handelt es sich um einen duplizierenden Schild, das bedeutet, eine Situation wird genau so abgebildet, wie sie ist. Dadurch wird sie gleichsam überblendet und abgemildert.

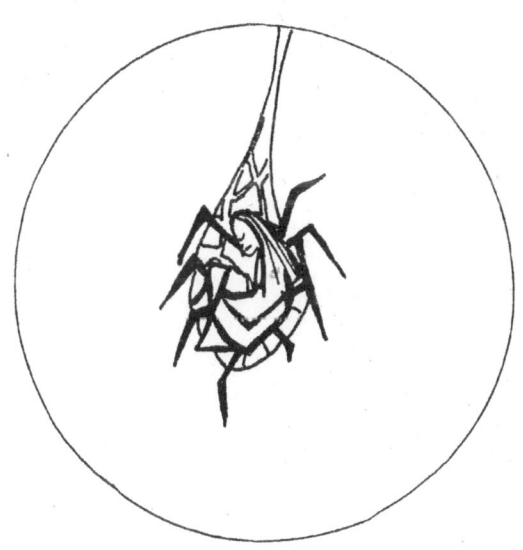

Wenn Sie diesen Schild brauchen, sollten Sie regelmäßig mit ihm arbeiten und sich in das Bild vertiefen. Sie sollten dafür einige Monate einplanen, denn Angewohnheiten und Angelerntes verschwinden nicht an einem Tag aus unserem Leben.

Schild gegen Mobbing und zerstörerische Einflüsse

Dieser Schild gibt einen Schutz vor Mobbing und Personen, die einen zerstörerischen Einfluss auf uns auszuüben versuchen. Er zeigt ein Opfer, das von einer starken Hand bedroht wird. Stellen Sie es auf, wenn Sie sich in einer solchen Situation befinden – es wird sie abmildern oder zu einem positiven Ausweg führen.

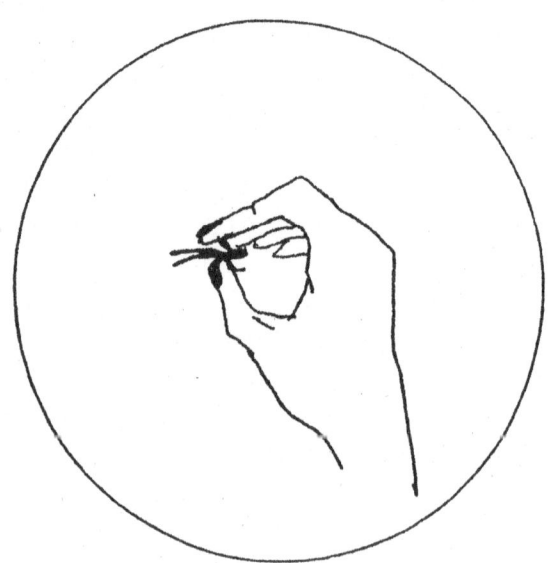

Das Suchen und Finden von Schilden erfordert ziemlich gute Kenntnisse des schamanischen Reisens und, nebenbei bemerkt, ein wenig Zeichentalent, um die gesehenen Situationen oder Zeichen auch authentisch umzusetzen.

Die Rufe-es-Methode

Für Menschen, die trotz eines magischen Angriffs ihre Angstgefühle zügeln können und die auch während einer Schwächung durch die negative Energie noch einen kühlen Kopf behalten, ist die kühne Rufe-es-Methode« gut geeignet.[6] Die wunderbare Johanna Wagner, promoviert in Germanistik und Psychologie, wurde in Afrika das Opfer eines magischen Psychoterrors. Verzweifelt rettete sie sich zu einem Schamanen, der ihr erklärte, wie sie sich augenblicklich selbst befreien könne. Sie folgte seinem Rat und stellte sich diesem psychischen Angriff, indem sie die negative Energie anrief: »Ich fühle dich. Sag mir, was du willst. Und zwar so deutlich, dass ich es verstehe.«

Lesen Sie diese kurze Aussage ganz genau durch, bis Sie sich entscheiden, ob Sie bereit sind, dieses große Schutzritual durchzuführen. Es erfordert nämlich Mut, sich der angreifenden negativen Energie entgegenzustellen. Denken Sie daran, dass diese unsichtbaren Kräfte feige sind. Wenn sie erkannt und dazu gezwungen werden, sich zu ihrer wahren Absicht zu bekennen, knicken sie ein. Ich kam mehrmals in die Lage, diese Worte aussprechen zu müssen. Nicht selten zeigten sich mir sofort

---

6 Nach Johanna Wagner: »Das Geheimnis des Medizinmanns«

der Angreifer und sein Motiv, und in allen Fällen hörte der Angriff augenblicklich auf.

Die Schutzpyramide

Eine sehr schöne Art, sich auf Dauer einen Schutz aufzubauen, besteht darin, sich eine Schutzpyramide zu erschaffen. Diese Methode wird vor allem von hawaiianischen Schamanen verwendet. Ich schätze sie besonders deshalb, weil wir damit das innere Licht entwickeln, das unser wahrer Schutz ist.

Praxis: Errichten einer schützenden Pyramide

Bei dieser Übung stellen Sie sich vor, dass Sie eine große Pyramide aus strahlendem Licht um sich herum zeichnen. Diese Pyramide hat eine quadratische Grundfläche und damit vier Seitenkanten. Zuerst wird der Grundriss auf dem Boden gebildet.

- Beginnen Sie, im Stehen mit der ausgestreckten rechten Hand das quadratische Fundament auf den Boden aufzuzeichnen. Drehen Sie sich dabei einmal im Uhrzeigersinn um sich selbst und schließen Sie das Quadrat. Das Fundament ist damit vollständig.
- Jetzt brauchen Sie nur noch die vier schrägen Linien, die nach oben führen, nachzuziehen. Sie münden schließlich in der Pyramidenspitze.
- Wenn Sie möchten, können Sie in ähnlicher Weise bis zu drei Pyramiden um sich herum erschaffen.

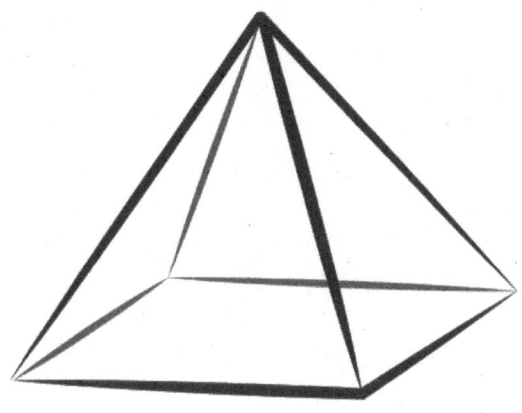

Eine schützende Pyramide errichten

- Jetzt kommt noch ein letzter und wichtiger Schritt: Sie füllen diese Pyramiden von innen mit Licht aus. Das gelingt am besten so: Legen Sie eine Hand auf Ihr Herz und die andere auf den Bauch, so wie es Ihnen angenehm ist. Lassen Sie aus beiden, aus Herz und Bauch, ein warmes Licht in diese Pyramiden hineinstrahlen.
- Sobald sie ganz von dieser hellen Energie erfüllt sind, durchdringt das innere Licht die Grenzen der Pyramide und erfüllt auch das Außen mit seinem Schutz.
- Verweilen Sie einige Minuten in diesem Zustand und fühlen Sie die Geborgenheit, die Sie jetzt umgibt.

Schutz durch Worte und Musik

Das Wissen und der Gebrauch von Liedern und Musik, die die Menschen vor dem Bösen schützen, ist im gesamten Schamanismus verbreitet. Ob es sich nun um tibetische, südamerikanische oder westliche Schamanen handelt, die Texte sind im Kern fast alle gleich, wenn man die jeweiligen kulturellen und religiösen Besonderheiten außer Acht lässt. Auch die schamanischen Kraftlieder verbinden mit solchen Anrufungen den Schutz durch die Geister, die Elemente und die Natur.

Lorica-Gesänge

Der heilige Patrick von Irland hat eine wunderbare Lorica hinterlassen, die auch der »Brustpanzer von St. Patrick« genannt wird. Noch heute versteht man im angelsächsischen Raum unter diesem Gedicht eine Art mystisches Schutzgewand, das vor allen schwarzmagischen Angriffen auf Leib und Seele schützt.

Bei einer Lorica handelt es sich um einen starken, schützenden Spruch, also um eine Art der Wortmagie, wie sie die Kelten in vorchristlichen Zeiten verwendeten. Durch den Gesang der Lorica reizten sie gleichsam die Gottheiten mit Worten, dass es doch eine skandalöse Angelegenheit sei, wenn sie einen Menschen, der dringend ihre Hilfe braucht, nicht erhörten. Die Götter wurden dadurch an ihrer Ehre gepackt, damit diese Beschwörung, die in der Tat ein Zweifeln an ihrer Macht war, nicht auf ihnen sitzen blieb. Sie wurden also gewissermaßen zur Hilfe gezwungen, um nicht ihr Gesicht zu verlieren.

Als die Kelten zum Christentum übertraten, trugen sie die Tradition der Lorica mit in ihren neuen Glauben und in die Kirchen hinein. So ist die keltische Tradition der Lorica bis heute in kirchlichen Gesangbüchern zu finden und wird fröhlich fortgesetzt, ohne dass die Gläubigen ahnen, welchem Weg sie damit folgen.

In den Versen des berühmten Brustpanzers von St. Patrick ruft er als Erstes die himmlischen Mächte der oberen Welt an. Als Nächstes beschwört er die Naturgewalten wie Sonne, Feuer, Blitz, Wind, Meer und Felsen. All diese unsichtbaren und sichtbaren Kräfte sollen ihm zu Hilfe eilen und ihn schützen vor Schwarzer Magie, Dämonen, Zaubersprüchen, Hexereien und Angriffen auf seinen Körper. Der Nationalheilige der Iren wusste also genau, worum es geht.

»I arise today
through a mighty strength,
the invocation of the Trinity.«

»Ich erhebe mich heute in einer gewaltigen Kraft: der Anrufung der Dreiheit.« So beginnt Patricks berühmter Lorica-Gesang. Man kann ahnen, welch unüberwindlicher Schutzschild durch diese Worte der Macht entsteht.

Der Text ist insgesamt sehr lang, und meist wird nur das Kernstück zitiert, nämlich der berühmte Vers »Christ with me«. Und das aus gutem Grund, denn in dieser Sequenz webt Patrick in alle Himmelsrichtungen hinein einen energetischen Schutzkokon um sich, der ihn dann wie ein leuchtender Stern umgibt.

Falls Sie bei der nachfolgenden Übung lieber die deutsche Übersetzung verwenden wollen, verwenden Sie diesen Text:

Christus sei mit mir,
Christus vor mir,
Christus hinter mir,
Christus sei in mir.
Christus sei unter mir,
Christus sei über mir,
Christus sei mir zur Rechten,
Christus sei mir zur Linken.
Christus sei, wo ich liege,
Christus sei, wo ich stehe.

- Stellen Sie sich vor, inmitten dieses Sterns, wie Sie ihn auf der Abbildung sehen, zu stehen. Jede Anrufung bildet einen Sternenstrahl, dreidimensional und weit ins Dunkel hinausdringend.
- Wenn diese Formel einmal am Tag gesprochen wird, bedeutet das allein schon einen wunderbaren Schutz. Je öfter Sie es tun, desto stärker wird der Lichtpanzer um Sie. Die Lorica ist mit keiner bestimmten Gebetshaltung verknüpft. Sie können diesen Stern beim Gehen, Stehen und Liegen, also immer, um sich herum bilden.

Die keltische Bevölkerung lebte naturverbunden und legte großen Wert auf die persönliche Willensfreiheit. Sie pflegte spirituelle Praktiken, die zu einer inneren Entwicklung der Seele führten. Bevor sie das Christentum annahmen, sahen sie in der Natur den Geist ihrer Götter wehen und glaubten an die unsterbliche Seele, die nach dem Tod in einen neuen Körper übergehen konnte. Diese Ideen gliederten sie in ihren neuen Glauben ein, sodass sie auch dort ihren Platz fanden. Damit haben die von den Kelten missionierten Gebiete – Teile von England, Frankreich und Deutschland – das Glück, dass alte schamanische Traditionen ganz selbstverständlich und von den meisten unerkannt im Christentum weiterleben konnten. Diese keltischen Einflüsse sind zum Beispiel erkennbar, wenn in alten Kirchen die Naturverehrung an Quellen, Steinen oder Bäumen miteinbezogen wurde.

Es bereichert sehr, auf die Suche nach weiteren Beispielen für die schützende Kraft des gesprochenen Wortes zu gehen. In den heutigen Gebets- und Gesangbüchern werden Sie sicher fündig. Auch Sagen und Epen zeigen Beispiele. Und wer sich besonders in diese uralte Wortmagie vertiefen möchte, kann zum Beispiel die Schriften des Philosophen Agrippa von Nettesheim aus dem 16. Jahrhundert lesen. Wort und Lied als Schutz und Beschwörung sind ein uraltes Thema der Menschheit.

Praxis: Das eigene Kraftlied finden
Wenn Sie die folgenden Zeilen lesen, können Sie sehen, wie wenig Unterschiede es zwischen einer Lorica und einem schamanischen Kraftlied, das die Stärke eines Schutzgeistes einfordert, gibt:

> »Ich erhebe mich,
> ich stehe auf
> aus einer Wolke heißen Staubes.«

Bei diesem Text handelt es sich um den Beginn eines schamanischen Kraftliedes. Jeder, der schamanisch arbeitet, sollte nach einer gewissen Zeit sein eigenes Kraftlied finden, ein Lied, das nur ihm allein gehört und ihn sein Leben lang begleitet. Text und Melodie wachsen gleichsam aus ihm heraus, wenn er sich auf die Natur und ihre Wesenheiten einstimmt. Falls Sie keines der überlieferten, traditionellen Lieder kennen, um sie als klingenden Schutzschild zu übernehmen, lohnt es sich umso mehr, selbst auf die Suche zu gehen, um ein ganz persönliches zu finden.

Setzen Sie sich dabei nicht unter Zeitdruck und rechnen Sie mit einigen Wochen oder Monaten. Patrick hat seine Lorica auch nicht in fünf Minuten geschrieben und dann gejammert, dass sie vielleicht doch noch nicht ganz fertig ist. Es ist zwar keine einfache Sache, aber dennoch möchte ich Sie zur Suche Ihres ureigenen Schutzgesangs ermuntern. Als ich mich dazu aufmachte, hörte ich zunächst wochenlang nur eine Art Orgelgebraus, dann formte sich allmählich der Text und schlussendlich entstand auch eine sangbare Melodie, die diese Zeilen der Macht begleitete. Am günstigsten ist es, mit einer Trommel einen monotonen Rhythmus aufzunehmen und sich so lange hineinzuvertiefen, bis sich ein Gesang formt.

Das Fortführen der uralten Tradition von Schutzgesängen ist eine heilige Angelegenheit. Gehen Sie also nicht damit hausieren und verkünden Sie Ihren Bekannten nicht, welche Worte Ihnen eingegeben worden sind. Über so etwas spricht man nicht! Falls Sie es doch tun möchten, bedenken Sie, dass dieses Lied nur Ihnen ganz allein gehört. Wenn Sie es verbreiten und es von anderen verwendet wird, verliert es an Kraft. Das gilt jedoch nicht für jene überlieferten großen Hymnen, sie sind für alle gemacht und ihnen wohnt eine solche Strahlkraft inne, dass sie durch nichts geschwächt werden können. In allen Schutzgesängen werden höhere Mächte angerufen, die Hilfe in Not garantieren. So bilden diese Gesänge noch heute eine Art Brustpanzer um unsere Seele und unseren Körper, der an Stärke gewinnt, je öfter sie angewandt werden.

Musik als Schutzmantel

Auch die Musik allein ist in der Lage, unseren Körper zu klären und ihm Kraft zu geben. So hat jeder Mensch seine Klänge, die ihn erheben und stärken. Da Musik ganz persönlich und individuell empfunden wird, muss jeder seine Favoriten in Sachen Schutz selbst herausfinden. Die einzige Voraussetzung ist, dass diese Musikstücke auch tatsächlich eine schützende Kraft enthalten. Ein schales Esogedudel oder Discomusik gehören mit Sicherheit nicht zu dieser Sorte. Der Wiener Walzer auch nicht, so schwungvoll er auch klingen mag. Halten Sie sich lieber an Stücke, in denen Text und Melodie eine Botschaft transportieren und eine Verbindung nach oben, also zum Göttlichen repräsentieren. Zum Beispiel könnten buddhistische Sutren oder Mantren, Gregorianik oder byzantinische Hymnen geeignet sein. Sie alle vermitteln die Kraft einer Beschwörung der Gottheit, die ihren Schutz wie einen Mantel um uns legt. Als zeitgenössischen Komponisten schätze ich besonders den Engländer John Rutter, er vermittelt in seinen Werken große Texte zusammen mit großer musikalischer Kraft. Auch eine hoch schwingende Instrumentalmusik, zum Beispiel mit Schlag- oder Blechinstrumenten, kann die eigene Kraft vermehren und Geister vertreiben.

Der Blick nach vorn

»Der Teufel will, dass wir immer nach hinten sehen.« Diesen merkwürdigen Satz hörte ich vor einiger Zeit von einem ostkirchlichen Mönch. Da ich mit der Aussage wenig anfangen konnte, fragte ich ihn nach der Bedeutung. Seine Erklärung machte Sinn: Manche Menschen, die zum Beispiel kränkende Erlebnisse hatten, neigen dazu, das Vergangene immer wieder im Geiste durchzuspielen. Dadurch wird der Blick nach vorn, in Richtung Zukunft und auf neue Möglichkeiten hin, verstellt. Sie bleiben im Negativen verhaftet und machen sich selbst unglücklich, denn diese Gefühle ziehen die ungute Situation unaufhörlich in die Gegenwart, obwohl die Kränkung schon lange vorbei und vergessen sein sollte. Dadurch, dass sie täglich mehrmals durch die lebhafte Erinnerung wiederholt wird, bleibt sie am Leben und retraumatisiert den Betroffenen.

Neben diesen psychologischen Gründen gibt es auch welche, die sich in schamanische Bereiche hineinziehen. Dunkle Gedanken machen nämlich anfällig für den Einfluss negativer Kräfte. Denken Sie an dämonische Energien, die sich von diesen Schwingungen angezogen fühlen. Je trüber die Gedanken, desto mehr geraten die Menschen in die Gefahr, von dunklen Wesenheiten umlagert und belästigt zu werden. Wie wunderbar, könnten sich jetzt die dunklen Mächte denken, da ist ein Perpetuum mobile in Gang gekommen! Denn im Sog der Negativität sind wir mehr und mehr geneigt, negative Kräfte zu mobilisieren, die sich zum Beispiel gegen die Verursacher unserer Probleme richten. Man kann den Betroffenen nur wünschen, dass sie auf ihre eigne innere Stimme oder die eines Freundes hören können, um dem ein starkes Nein entgegenzusetzen. Das gelingt in winzigen Schritten: sich ganz bewusst auf eine Kleinigkeit im Alltag freuen, sei es eine Tasse dampfenden Kaffees, das Geräusch der Regentropfen an der Fensterscheibe, einen netten Gruß der Nachbarin. Setzen Sie ein Mosaiksteinchen neben das nächste – und der Weg in die Gegenwart wird geboren.

Böse Frau spielen

Neben den vielen Menschen, die freundlich und hilfsbereit sind, gibt es leider auch das genaue Gegenteil davon. Jeder kennt Typen, die einem das Leben schwer machen und eine massive negative Energie um sich herum verbreiten. Diese Energie richtet sich meist auf den Solarplexus und setzt sich dort fest. Wenn Sie nicht aufpassen, weil Sie von einem solchen Angriff überrascht werden, geschieht Folgendes: Aus Höflichkeit oder vor lauter Überraschung können Sie nicht adäquat reagieren und Grenzen setzen. Also bleibt die aggressive Energie bei Ihnen und fängt an, Sie zu quälen. Wieder und wieder gehen Sie das Geschehen im Geiste durch. Wie in besagtem Perpetuum mobile drehen sich die Gedanken – und dabei geht es Ihnen immer schlechter.

Aus schamanischer Sicht ist das genau die Absicht der Verursacher: Sie wollen mit ihrer negativen Energie wie ein Parasit in das gesunde System eines anderen eindringen und dort präsent bleiben. Und wie oft gelingt Ihnen das nur zu gut! Wer da nicht rechtzeitig seine Grenzen aufzeigt, der hat schon verloren. Wenn diese parasitäre Energie eingedrungen ist, leiden die Lebenskraft und das Lebensgefühl. Der Betroffene kann sich kaum mehr wehren, täglich an die erlittene Ungezogenheit oder Kränkung zu denken, und verschenkt damit seine Energie an den Angreifer. Wenn es einmal so weit gekommen ist, helfen natürlich Psychotherapie oder das Eingreifen eines Schamanen. Aber Sie können auch selbst aktiv werden: Sobald Sie erkennen, dass eine Person darauf aus ist, Sie – wie direkt oder unterschwellig auch immer – zu kränken oder zu beleidigen, versuchen

Sie doch einmal, die böse Frau oder den bösen Mann zu spielen, wie ich das nenne.

Dazu ein Fallbeispiel: Als mich eine Frau aus dem weiteren Bekanntenkreis wiederholt kränkte, hatte sie mit einem Mal einen Platz in meinem Kopf gefunden. Ich ärgerte mich nämlich immer öfter über sie und ließ mir dadurch manch nette Gesellschaft vergällen. Deswegen entschloss ich mich eines Tages, die böse Frau zu geben. Bei der nächsten Kränkung baute ich mich vor der Frau auf und sagte mit bedrohlich leiser Stimme dreimal: »Tu das nie wieder, sonst ...« Sie wurde ganz nervös: »Aber ich habe doch nichts ...«, worauf ich noch einmal ganz langsam flüsterte: »Nicht noch einmal ...« Und seitdem attackiert sie mich nicht mehr, und wichtiger noch, sie hat auch keinen Zugriff mehr auf meine Gedanken. Ich bin wieder frei.

Zugegeben, ich bin froh, dass sie nicht nachfragte, was ich tun würde, denn ich hatte keine Ahnung und wollte ja nicht ebenso negativ werden. Es macht mir auch nicht unbedingt Spaß, die böse Frau zu spielen. Aber denken Sie an diese Möglichkeit, überwinden Sie sich und setzen Sie rechtzeitig eine Grenze, damit Sie den parasitären Energien keine Chance geben.

Energetischer Schutz: Das Grundprogramm

Nach den Sofortmaßnahmen soll es nun um eher langfristige Hilfen gehen. Das A und O eines energetischen Schutzes besteht aus drei Hauptthemen, die intensiv befolgt eine nachhaltige Verteidigung für Körper und Seele schaffen:

1. Belastende Energie abbauen.
2. Die Aura stärken.
3. Das innere Licht kultivieren.

Werden diese drei regelmäßig praktiziert, haben energetische Angreifer oder Energie-Vampire kaum noch eine Chance. Die dazu notwendigen Übungen sind einfach und dauern nicht lang.

Schritt 1: Belastende Energie abbauen

Am einfachsten ist es natürlich, es gar nicht so weit kommen zu lassen, dass man unter den Folgen eines Energieraubs oder eines psychischen Angriffs leiden muss. Daher sollte man regelmäßig und rechtzeitig alle Belastungen abbauen, die sich im Laufe der Zeit an jeden heften.

Die Natur hilft sofort

Ein unkompliziertes, aber sehr wirksames Mittel zur Ersten Hilfe, das von vielen Menschen ganz automatisch angewandt wird, ist es, in die Natur hinauszugehen. Schamanen sehen dort nicht nur Felsen, Gras und Bäume, sondern die lebendigen und klugen Wesenheiten, die in den Steinen und Pflanzen leben. Für sie ist es im Freien so, als ob sie lauter hilfreiche Freunde träfen. Daher ist jeder Gang in die Natur eine heilsame Begegnung mit ihnen, und wenn wir sie achten, lassen sie auch gern etwas von ihrer Heilkraft in uns einfließen.

In freier Natur strömen unterschiedliche und ganz ursprüngliche Kräfte auf uns ein: die Energie der Erde und der Landschaft, die der Elemente, wie Wind und Wärme, Regen, Schnee, Kälte und Sonnenlicht, Mond, Nacht, Nebel, die Ausstrahlung der Pflanzen, besonders der Bäume, das Wissen der Steine und die Seelen der Tiere. Auch wer nicht schamanisch begabt ist, kann die aufbauende Kraft spüren, die von ihnen allen ausgeht, und sie dankbar in sich aufnehmen.

Wer in der Lage ist, schamanisch zu sehen, wird die Anwesenheit dieser Naturgeister deutlich wahrnehmen und mit ihnen in Kontakt treten. Er kann zum Beispiel die Baumwesen oder Steinwesen bitten, ihn von allen negativen Energien zu befreien, die an ihm haften. Durch die Hilfe dieser Wesenheiten lösen sich Schicht für Schicht die Belastungen aus seinem Energiefeld, und er kommt anders nach Hause zurück, als er hinausgegangen ist: befreit und aufgetankt.

Schützendes Qi Gong

Ein glücklicher Mensch, der all die Gaben der Natur wahrnehmen und genießen kann! Leider ist es für die Bewohner größerer Städte nicht so einfach, gerade mal schnell hinaus in die Natur zu gehen. Was können Sie tun, falls der Wald nicht direkt vor Ihrer Haustür liegt? Den Städtern unter Ihnen biete ich zwei sehr wirksame Übungen aus dem chinesischen Qi Gong an, die Sie auch zu Hause durchführen können. Einige der asiatischen Qi-Gong-Meister wissen auch noch heute um die schamanischen Inhalte dieser Übungen.

Im alten China nannte man einen gewissen Teil dieser Bewegungen »magische Körper- und Geistübungen«. Diese Art des Qi Gong kommt direkt aus dem Schamanismus.[7] Schamanen und chinesische Daoisten hatten nämlich die gleiche Wahrnehmung von der Natur: Alles, was ist, lebt! Es entstand eine Art Personifizierung der Pflanzen, Felsen und der Elemente und eine Kommunikation mit ihren Kräften. Vor allem im Daoismus entwickelte sich das Qi Gong aus dieser Idee heraus. Mithilfe von speziellen Körperübungen wurde die Energie der Elemente oder die bestimmter Tiere in sich aufgenommen. Man versuchten gleichsam, deren Geist in den eigenen Körper einzuspeichern, um sich damit einen starken Schutzschild zu erwerben. Die Namen einiger Qi-Gong-Übungen sprechen das deutlich aus: »Qi Gong mit Windatem«, »Kranich Qi Gong«, »Qi Gong der fünf Tiere« und so weiter.

In Fernost kann man mit dem Begriff Energie sehr viel

---

[7] Siehe auch Thomas Milanowski: »Die magischen Körper-Geistübungen Chinas und deren Verbindung zum Schamanismus«.

anfangen, denn dort kennen die Menschen die Bedeutung des »Qi«. Er bezeichnet unsichtbare Kräfte, die das All bewegen und auch im menschlichen Körper wirken. Man unterscheidet zwischen verschiedenen Energieformen, dem positiven und dem negativen, schädlichen Qi, dem angeborenen Qi, dem Qi der Elemente und dem der Organe und so weiter.

Die beiden kurzen Übungen zum Abladen negativer Energie, die ich Ihnen hier vorstellen möchte, erscheinen geradezu simpel. Aber lassen Sie sich nicht täuschen, ihre Wirkung ist enorm! Als ich einmal nach einem langen anstrengenden Praxistag wirklich müde war, führte ich sie drei Atemzüge lang durch und war vollkommen überrascht davon, wie leicht und frisch ich mich anschließend fühlte. Zuvor hatte ich nur angenommen, eine normale Erschöpfung zu haben. Aber nach diesen wenigen Minuten war ich überzeugt, dass sich während meiner Praxisarbeit die negativen Energien einiger Patienten an mir festgesetzt hatten. Wenn Sie sich also einmal müde und deprimiert fühlen, versuchen Sie, mit diesen Übungen die dunkle Energie wieder abzuladen. Bald werden Sie sie öfter anwenden, als Sie denken, denn Erfolg ist sehr befreiend. Zudem sind sie sehr einfach durchzuführen.

Abatmen negativer Energie
(nach Meister Sia Mok Tai und Meister Ong Sing Pang)

Beide Übungen werden im Stehen durchgeführt und benötigen daher nur wenig Platz. In leichteren Fällen reicht es aus, nur die erste Übung anzuwenden. Die beiden Qi-Gong-Meister Sia Mok Tai und Ong Sing Pang aus Singapur, von denen diese Übungen stammen, erklärten mir, dass diese Techniken am besten regelmäßig abends wie das Zähneputzen durchgeführt werden sollten, um sich von den Belastungen des Tages zu befreien. Und das ist in der Tat ein guter Rat.

Übung zum Abatmen von anhaftender Energie

- Stellen Sie sich mit leicht gegrätschten Beinen aufrecht und locker hin. Die Füße sind parallel und stehen etwa im Abstand Ihrer Schultern auseinander. Lassen Sie Ihren Blick geradeaus in die Ferne schweifen, die Arme hängen entspannt in natürlicher Haltung herab.
- Sinken Sie, während Sie tief und geräuschvoll ausatmen, in den gebeugten Knien nach unten und beugen Sie sich dabei so nach vorn, als ob Sie einen leichten Buckel hätten. Die Hände gleiten während der Bewegung an den Seiten der Oberschenkel hinab. Wenn sie die Knie erreicht haben, stoßen Sie den restlichen Atem mit geöffnetem Mund hörbar aus.
- Danach richtet sich der Körper langsam wieder auf. Strecken Sie sich und gehen Sie in ein leichtes Hohlkreuz, während Sie ruhig und tief einatmen. Die Arme hängen locker seitlich herab.
- Die Wirbelsäule bewegt sich bei beiden Übungsteilen in einem s-förmigen Bogen, aus der aufrechten Haltung heraus zuerst in die Kyphose (Buckel) und dann in die Lordose (Hohlkreuz). Durch diese schlangenartige Bewegung werden die festsitzenden Energien, die sich zwischen den Wirbelgelenken abgelagert haben, gelockert und mit dem Atem ausgeschieden.

- Wenn Sie den Zyklus dreimal praktiziert haben, ist die Übung beendet. Lassen Sie die Hände drei Atemzüge lang auf dem Bauch ruhen und spüren Sie dem Geschehen nach. Diese drei Atemzyklen reichen im Allgemeinen aus, um den Körper und den Geist von negativen Einflüssen zu befreien.

Die zweite Übung ist auch in meinem Buch »Hui Chun Gong. Die Verjüngungsübungen der chinesischen Kaiser« enthalten. Schwangere oder Personen, die gerade eine Operation hinter sich haben, dürfen diese Übung allerdings nicht ausführen. Warten Sie damit so lange, bis Ihr Arzt es Ihnen erlaubt.

Übung zum Abschütteln von festsitzender Energie

- Stehen Sie aufrecht mit leicht gegrätschten Beinen, der Abstand der Füße ist etwa so breit wie die Schultern. Die Haltung ist locker und entspannt. Der Blick bleibt geradeaus gerichtet.
- Atmen Sie durch die Nase ein, strecken Sie dabei die Hände vor dem Körper aus und heben Sie die Arme bis zur Brust.
- Lassen Sie dann die Hände langsam nach unten sinken, sodass sie entspannt an den Körperseiten herabhängen. Der Oberkörper wird dabei aufrecht gehalten.
- Öffnen Sie leicht den Mund und sinken Sie dabei etwas in die Knie.
- Entspannen Sie während des Ausatmens bewusst alle Muskeln und beginnen Sie dann aus den Kniekehlen heraus mit einer leichten, wippenden Auf-und-Ab-Bewegung des ganzen Körpers. Die Fußsohlen bleiben dabei fest auf dem

Boden aufgesetzt und fangen federnd die Bewegung des Körpers auf. Das wellenförmige Wippen geht ausschließlich von den Kniegelenken aus. Die Schultern werden nicht angespannt oder hochgezogen. Bewegen Sie auch die Arme nicht absichtlich. Wenn Ihr Körper locker ist, werden sie sich wie von selbst dieser wippenden Bewegung anschließen. Versuchen Sie auch nicht, den Atem zu lenken, denn er wird sich ganz von allein dem Rhythmus anpassen.

- Wippen Sie zweihundertmal auf und ab.

Meister Ong aus Singapur erklärte, dass das leichte Wippen in tiefer Konzentration stattfinden sollte, um die beste Wirkung zu erreichen. Die Vorstellung dabei ist, dass sich alle belastenden Energien, die sich im Laufe des Tages an den Wirbeln, Gelenken und Nervenfasern abgelagert haben, allmählich lösen. Begleitet von dieser Imagination verlassen sie den Körper.

Diese Übung hat ganz nebenbei einen stark verjüngenden Charakter, auch wenn Sie sie aus ganz anderen Gründen durchführen. Denn sie schüttelt tatsächlich die inneren und äußeren negativen Energien vom Körper weg oder aus ihm heraus. Das ist sehr befreiend und wirkt stimulierend auf die hormonellen Drüsen.

Unterstützung durch bildliche Vorstellungen

Es ist eine universelle Erfahrung, dass die Energie stets der Aufmerksamkeit folgt, das gilt im alltäglichen Leben ebenso wie in allen anderen Bereichen. Auch im Schamanismus ist dieses Prinzip bekannt. Daher können Sie die Wirkung aller reinigenden Übungen um ein Vielfaches verstärken, wenn Sie sich bildlich vorstellen, wie die Negativität aussieht, die an Ihnen haftet. Dazu braucht es keine besondere Begabung, denn im Allgemeinen hat jeder Mensch ähnliche Bilder: Sie ist dunkel, riecht übel, ist zäh und klebt fest an der Aura. Schwer und unangenehm haftet sie am Körper und verdüstert die Gedanken.

Wichtiger noch ist die genaue Vorstellung davon, auf welche Art und Weise Sie diese Energie loswerden. Denn schließlich möchten Sie sicher nicht, dass der Raum, in dem Sie sie abladen, durch diesen energetischen Müll verschmutzt wird. Auch wenn ihn kaum einer mit seinen körperlichen Augen sehen kann, zu fühlen ist er auf alle Fälle, denn er bringt eine unangenehme Stimmung und Atmosphäre mit sich. Besonders dann, wenn Sie die Abladung der dunklen Energie gemeinsam mit anderen praktizieren, besteht zudem die Gefahr, dass ungewollt jeder vom anderen etwas Negatives mitbekommt, weil er es beispielsweise einatmet.

Daher empfehle ich die angenehme Imagination, dass die ausgeatmete oder mit den Armen weggeschleuderte Energie sich in eine Art glitzernden Sternenstaub verwandelt und noch im Schweben unsichtbar wird. Überlegen Sie sich, in welches Bild Sie die negative Energie umwandeln möchten, und beschließen Sie mit dieser Vorstellung das Ableiten dieser Energie. Falls Sie diese Bewegungen in der freien Natur durchführen, stellen Sie sich vor, dass sie zu einer Art Dünger werden, der den Pflanzen und Bäumen als Nahrung dient.

Schritt 2: Die Aura stärken

Ein anhaltender Schutz, der das Leben lang bestehen bleibt, ist der große Wunschtraum vieler Menschen. Ich denke, dass es so etwas nicht gibt, denn wir sind alle einmal so schwach oder abgelenkt, dass Angriffe passieren können. Den stärksten Schutz müssen wir uns buchstäblich erarbeiten, denn er entsteht aus unserem Inneren heraus, und wir benötigen genügend Zeit und tägliche Übung, um ihn zu erwerben und zu erhalten. Es nützt wenig, erst damit zu beginnen, wenn wir bereits energetisch angegriffen werden.

Die folgenden Übungen geben Beispiele für innere Schutzpraktiken. Wählen Sie aus, was Ihnen am geeignetsten erscheint, und übernehmen Sie es in Ihre alltägliche Praxis. Physiologisch am vernünftigsten ist es, mit der Stärkung der Aura zu beginnen und erst nach einer Zeit das innere Licht zu entwickeln. Am besten fangen Sie gleich mit dem Üben an, damit Sie im Falle eines zukünftigen energetischen Angriffs ausreichend geschützt sind.

Was macht die Aura aus?

Als Aura werden jene vielfältigen energetischen Schutzhüllen bezeichnet, die den Körper aller Lebewesen umschließen. Stellen Sie sich vor, dass sie jeden Menschen in Form eines zarten, lockeren Kokons umgeben. Im Allgemeinen wird die Aura in fünf Schichten eingeteilt, die auch »Körper« genannt werden.[8] Diese sind, von innen nach außen:

---

8 Vgl. Charles Leadbeater: »Der sichtbare und der unsichtbare Mensch«.

1. physische Aura
2. feinstoffliche oder ätherische Aura
3. emotionale Aura
4. mentale Aura
5. spirituelle Aura

An erster Stelle umfängt die physische Aura den Körper, sie ist meist nur maximal zehn Zentimeter dick. In ihr wird die Energie gespiegelt, die den physischen Körper betrifft. Sie ist als dünne strahlende Schicht zu sehen. Als Nächstes kommt die sogenannte ätherische Schicht, die auch die feinstoffliche Aura genannt wird. In ihr sind alle Körpersysteme vollkommen vorhanden, zum Beispiel ist ein fehlendes Körperglied, selbst wenn es amputiert wurde, noch ganz vollständig abgebildet. Dann folgt der emotionale Körper. In ihm spiegeln sich unsere Stimmungen und Emotionen, die sich dadurch auch der Umgebung mitteilen. Diese Gefühle werden von den Mitmenschen wahrgenommen und gespürt. Gefühle wie Angst oder Liebe teilen sich, auch ohne dass sie artikuliert werden, über diese Schicht der Aura mit. Sie wird von dem mentalen Körper umschlossen, der alle geistigen Vorgänge darstellt. Dazu gehören natürlich die Gedanken und Glaubenssysteme, aber auch Wünsche und Erlebnisse, die wir durchdacht haben. Es ist die Schicht der geistigen Kräfte, des Denkens und des Glaubens. Als letzte Aura folgt die spirituelle Schicht. Nach esoterischer Ansicht ist sie unzerstörbar, und in ihr sind die »hohen« spirituellen Einflüsse gespeichert. Sie eröffnet auch den Kontakt und die Kommunikation mit dem höheren Selbst und den Himmelsmächten.

Die gesamte Aura zu festigen und so zu stärken, dass

sie eine unüberwindliche Barriere bildet, ist deshalb von Bedeutung, weil ein Angriff auf Seele und Körper nur dann gelingt, wenn diese Schichten zu dünn sind oder Risse und Löcher haben. Und um das innere Licht zu erwecken, müssen wir im Laufe der Zeit dunkle Gedankenformen und Energien aus unserem tiefsten Wesen entlassen. Wenn das geschieht, strahlt das innere Licht aus uns heraus und in die Aura hinein, sodass wir ein leuchtendes schützendes Feld um uns kreieren, das von innen und außen genährt wird. Um das zu erreichen, gibt es die Schritte zwei und drei dieses Programms.

Stärkung der Aura (nach Viktor Schweizer)
Diese Übung habe ich dem Schweizer Elektrobiologen und Elektromeister Viktor Schweizer zu verdanken. Er suchte mich vor einigen Jahren in meiner Praxis auf und bat mich, schamanisch in seinen Körper hineinzusehen. Worum es ihm eigentlich ging, wollte er nicht sagen. Beim ersten Blick in seinen Körper nahm ich ungewöhnliche Bilder wahr. Seine Aura hatte eine starke Ausstrahlung. Senkrecht durch ihn leitete ein breiter Kanal eine hell strömende Energie, die vom Himmel in die Erde floss. Um seinen Kopf und Bauch rotierte jeweils ein strahlender Ring. Sie ähnelten denen, die den Planeten Saturn umgeben. Ich sah zu meiner Verwunderung, dass mehrere kleine schmutzig wirkende Wesenheiten vergeblich versuchten, über diese zwei sich schnell drehenden Ringe zu klettern, um in seine Aura einzudringen. Es gelang ihnen jedoch nicht, da das Drehmoment zu stark war, und so purzelten sie immer wieder ermüdet herab, bis sie ihre Versuche aufgaben.

Deuten konnte ich das Gesehene nicht, und es blieb mir nichts anderes übrig, als meinem Patienten zu schildern, was ich da wahrgenommen hatte. Er setzte sich ruckartig auf und erklärte vergnügt, ich hätte gerade genau die Übung in ihm beobachtet, die er einmal täglich durchführen würde, um vor negativen energetischen Angriffen geschützt zu sein. Er war sehr angetan davon, dass es möglich war, ihren Erfolg und ihre Wirkung so deutlich zu sehen. Und er erklärte so ganz nebenbei, er würde neben seinen vielen anderen Aufgaben gewisse Geheimaufträge und Forschungen übernehmen und bräuchte vor allem auch deshalb einen starken Schutz. Natürlich war ich jetzt neugierig geworden und bat ihn, mir diese Übung, die mich schon von der Beobachtung her überzeugt hatte, genauer zu zeigen. Viktor war so liebenswürdig, das zu tun. Und so kommen auch Sie in den Genuss seiner so wirksamen Methode, mit der er die Schutzschichten seiner Aura kräftigt und den eindringenden Energien die Möglichkeit verbaut, damit Erfolg zu haben.

Wie bei allen meditativen Praktiken ist es auch hier wichtig, dass Sie nicht gestört werden. Suchen Sie sich also einen ruhigen Ort und nehmen Sie sich etwas Zeit. Viktors Übung wird im Stehen ausgeführt.

- Stehen Sie entspannt, die Füße sind im Abstand von dreißig bis vierzig Zentimetern auseinandergestellt. Die Arme hängen locker an den Körperseiten herab. Nehmen Sie zwei bis drei tiefe Atemzüge und legen Sie dabei die Hände in die Gegend des Bauchnabels. Frauen legen zuerst die linke Hand auf den Nabel und die rechte darüber. Bei Männern ist es umgekehrt, sie sollten die rechte Hand auf den Nabel legen und die linke darüber. Die Konzentration auf diese Körperzone ist deshalb von Bedeutung, weil sich aus ihr heraus die ganze Übung entwickelt und Sie dadurch Ihre Mitte stärken. Wenn Sie eine angenehme Wärme in diesem Bereich spüren, beginnen Sie die eigentliche Übung.

- Dabei kommt Ihre Vorstellungskraft ins Spiel. Stellen Sie sich vor, dass sich im Gebiet des Nabels eine goldene Kugel bildet, in der sich Ihre persönliche Essenz sammelt. Damit ist gemeint, dass Sie versuchen, etwas von all den Gefühlen, Gedanken, Glaubenssätzen und Themen, die Sie gerade beschäftigen, in diese Kugel einfließen zu lassen. Die Bewertung können Sie dabei außer Acht lassen, ob Angst oder Freude auftauchen, ist ganz unwichtig, bauen Sie ein, was im Moment ansteht.
- Wenn sich die Kugel gebildet hat, geht ihr Weg senkrecht hinunter und direkt ins Innere der Erde hinein. Ist sie an der tiefsten Stelle, beim Magma der Erde, angelangt, hat sie ihr Ziel erreicht. Sie beobachten jetzt, wie dieser goldene Ball dort ausglüht und gereinigt wird. Es ist ein interessanter Vorgang, zu betrachten, wie zuerst leichte Risse entstehen, durch die dünne schwarze Rinnsale herausfließen, die sich dann allmählich vergrößern und in das dunkelrote Magma hineintropfen.

Eine kurze Zwischennotiz, bevor es mit den Übungsschritten weitergeht: Dieses Ausglühen hat eine spezielle Auswirkung auf die Person, die es ausübt, denn es bedeutet nichts anderes, als dass im Laufe der Zeit alle in ihrer Essenz gespeicherten unguten Erlebnisse, Gedanken und Angriffe aus ihr herausgelöst werden. Es stellt also einen starken inneren Reinigungsprozess dar, der bis in die tiefste Matrix hineinreicht. Betrachten Sie dieses Geschehen eine Weile. Denken Sie daran, dass dieser Energieball nicht augenblicklich vollkommen rein sein muss, denn das braucht Zeit, die Sie sich in Ruhe und Vertrauen auch geben können. Das Forcieren dieses Vorgangs bringt gar nichts. Es ist völlig nutzlos, weil sich jeden Tag irgendeine Negativität an uns hängt und die Essenz verunreinigt. Denken Sie dabei nur an all die schlechten Nachrichten, die uns erreichen, oder an Stress, Mobbing oder Schicksalsschläge, alles Dinge, mit denen wir unweigerlich konfrontiert werden. Geben Sie sich also Zeit und beenden Sie nach einigen Minuten diese Phase der Übung, um zum nächsten Teil überzugehen.

- Wenn Sie eine Zeit lang zugesehen haben, wie die Kugel gereinigt wird, lassen Sie sie langsam senkrecht durch die ganze Längsachse des Körpers nach oben steigen, bis sie in der Himmelswelt angelangt ist. Sie steht dann hoch über Ihrem Kopf, ganz weit oben im Äther. Dort wird sie von den Himmelskräften befruchtet. Es geschieht also eine Art Fertilisation, indem in Ihre Essenz ein Teil der klaren himmlischen Essenz einfließt. Dadurch wird Ihnen ein starker Schutz von oben zuteil. Und nicht nur das: Auch die emotionalen und spirituellen Ebenen werden im Laufe der Zeit gemeinsam mit den mentalen Programmen auf einen höheren Level angehoben.
- Die Bilder, die sich bei diesem Vorgang zeigen, sind sehr vielfältig. Manche Personen nehmen wahr, wie ein lichter Nebel ihre Kugel umweht, andere erfahren ein strahlendes Sonnenlicht, das sie belebt, und wieder andere wähnen sie in schützenden Händen. Es gibt zahlreiche Varianten, die dieses Thema versinnbildlichen, und alle sind in Ordnung,

- solange sie eine helle und beruhigende Kraft ausstrahlen, und Sie sich dabei wohlig und aufgehoben fühlen.
- Nachdem Sie diesen Vorgang eine Weile betrachtet haben, leiten Sie Ihren nun befruchteten Ball auf dem bekannten Weg durch den Körper hindurch und erneut senkrecht nach unten in das Magma hinein, um ihn dort wiederum ausglühen und reinigen zu lassen.
- Danach geht die Reise erneut nach oben in die Himmelssphäre hinauf und dann ein letztes Mal nach unten in das Magma hinein. Kurz gesagt: Sie lenken Ihre Energiekugel dreimal nach unten und zweimal nach oben. Die letzte Phase ist das Ausglühen und Reinigen im Magma der Erde. Danach leiten Sie den Ball in den Bauchraum und verharren einen Moment in einer ruhigen Position mit den Händen auf dem Gebiet des Nabels.
- Anschließend imaginieren Sie zuerst einen goldenen »Saturnring« um den Kopf und dann einen weiteren Ring um den Bauch herum. Geben Sie diesen beiden Ringen nun einen tüchtigen Stoß, sodass sie in eine schwungvolle, rotierende Bewegung geraten.

Sie erinnern sich an die kleinen dunklen Gestalten, die vergeblich versuchten, über diese Ringe zu klettern, um in Viktors Aura einzudringen? Je schneller diese Reifen sich drehen, desto weniger möglich wird es diesen Wesenheiten, ihr Ziel zu erreichen. Diese Gestalten stellen eine deutliche Chiffre für negative, angreifende Energien dar, das können Gefühle wie Neid oder Missgunst sein, die von außen an Sie herangetragen werden. Es können aber auch Ihre eigenen, sie selbst vergiftenden Gedanken sein oder die Verführungen, etwas zu tun, was andere Menschen schädigt. In einem Buch von Johannes Climacos[9], der in Ägypten etwa 600 Jahre nach Christus lebte, fand ich eine ähnliche Darstellung. An sie erinnerte ich mich sofort, als ich die kleinen dunklen Gestalten bei den Saturnringen gesehen hatte, die Viktors Körper umkreisten. Auf dieser alten Ikone versuchten sie, Menschen, die sich geistig entwickeln wollten und auf einer Leiter in die Obere Welt kletterten, mit Schlingen und Pfeilen zum Absturz zu bringen.

Als Viktor mir seine Übung schilderte, kam sie mir sehr vertraut vor, und ich hatte sogleich die Vermutung, dass sie ihren Ursprung im Schamanismus hatte. Zu stark erinnerte sie mich an die alte schamanische Vorstellung von den drei Welten, der Unteren, Mittleren und Oberen Welt. Dieses Wissen war und ist Schamanen aller Kulturen und Zeiten präsent. Sie sehen die Untere Welt als einen magischen Ort an, in dem Kraft, Macht und Wissen über Pflanzen, Steine und die Gesundheit gespeichert sind. Die Mittlere Welt ist diejenige, in der wir alle leben, und in der Oberen Welt sind der Schöpfergott, die Himmelswesen und spirituellen Lehrer zu Hause, die Weisheit und das Wissen unserer Ahnen. Als ich Viktor davon erzählte und ihn bat, mir zu sagen, ob seine Übung tatsächlich mit dem Schamanischen in Verbindung stand, erzählte er von einer Reise in die Mongolei, die er vor vielen Jahren machte. Dort hätte er eine Schamanin und deren Urenkelin getroffen, die ihm diese Übung genau so erklärt hätten wie er jetzt mir. Seit dieser Zeit gehörte sie zu seinem täglichen Programm. Und ich kann sie nur weiterempfehlen.

---

9 St. Johannes Climacos: »The Ladder of Divine Ascent«, Seite 3.

Der goldene Schutz zur Stärkung der Aura

Diese Übung sorgt dafür, dass unsere natürliche Schutzschicht, die Aura, repariert und gestärkt wird. Sie wirkt sehr schnell und baut einen schönen glänzenden Körperschild auf.

- Sorgen Sie dafür, dass Sie für eine Weile ungestört sind und Sie auch kein Telefonklingeln oder Ähnliches aus dem Üben reißt. Legen oder setzen Sie sich hin und entspannen Sie sich mit einigen tiefen Atemzügen.
- Stellen Sie sich vor, dass Ihr ganzer Körper von einer metallisch schimmernden Goldfolie überzogen ist. Sie ist hauchdünn und federleicht und hat sich wie eine zweite Haut über Sie gelegt. Falls Ihnen die Farbe Gold unangenehm ist, machen Sie einen Versuch mit einer Silberfolie oder einer zarten Folie aus Licht.
- Jedes Mal, wenn Sie einatmen, beginnt die Folie zu glänzen und zu leuchten. Beobachten Sie dabei Ihre gesamte Körperoberfläche. Wie sieht dieses Strahlen zum Beispiel auf dem Gesicht aus, wie auf dem Rücken, den Fingern oder Zehen? Verweilen Sie eine Zeit lang bei diesem Abschnitt der Übung: Einatmen – Strahlen – Ausatmen – Einatmen – Strahlen – Ausatmen … Schon nach einigen Atemzügen mit dieser Vorstellung werden Sie spüren, wie eine tiefe Ruhe Sie erfüllt.

Allein durch diese kleine Atemfolge wird der natürliche Schutz wiederhergestellt und die Aura gestärkt. Daher eignet sich dieser erste Teil besonders für kurze Übungssequenzen, wenn Sie wenig Zeit haben. Nutzen Sie die paar Minuten morgens im Bett, bevor Sie aufstehen müssen, um sich dabei auszumalen, wie wunderschön glänzend die zarte strahlende Schicht ist, die Ihren Körper umgibt. Auch auf dem Weg zur Arbeit und während kurzer Pausen nehmen Sie diesen Rhythmus für nur zwei, drei Atemzüge wieder auf: Einatmen – Strahlen – Ausatmen – Einatmen – Strahlen – Ausatmen. Es ist erstaunlich, wie schützend diese kurze Übung wirkt. Daher empfehle ich, sich wenigstens einmal täglich diese wenigen Momente zu gönnen. Meist spüren Sie sofort die Wirkung und fühlen sich viel stärker. Aber auch Ihre Umgebung bemerkt die positive Veränderung Ihrer Ausstrahlung.

Am Abend, wenn Sie mehr Zeit haben und entspannt auf der Couch oder im Bett liegen, können Sie die Wirkung dieser Übung verstärken, indem Sie den zweiten Teil anhängen.

- Sie atmen ein und bringen beim Einatmen die helle Schicht zum Leuchten, wie Sie es schon geübt haben. Während der Ausatmung stellen Sie sich vor, dass die hauchdünne Folie sich ausdehnt und Sie wie eine strahlende Energieblase umgibt.
- Der Rhythmus geht also so: Einatmen – Strahlen – Ausatmen – Ausdehnen … Folgen Sie dieser Imagination in aller Ruhe und erleben Sie die Wirkung: Sie werden sich anschließend viel kraftvoller fühlen. Mit dieser Atmung haben Sie nämlich die schon bestehende Schutzschicht so gefestigt und ausgedehnt, dass keine negative Energie von außen mehr die Aura verletzen oder in sie eindringen kann.

Für die meisten Menschen sind diese zwei Teile der Übung völlig ausreichend. Wer sich umfassender schützen möchte und seine eigene Seele erforschen und nach möglichen Belastungen absuchen möchte, die in seinem Inneren zu Hause sein könnten, für den gibt es noch einen dritten Teil. Auch die dunklen Stellen der eigenen Seele sind nämlich in der Lage, Negativität anzuziehen. Werfen Sie einen Blick in Ihre Vergangenheit – wenn Sie ehrlich mit sich selbst sind, werden Sie feststellen, dass Sie nicht immer ein Heiliger oder eine Heilige waren. So ist der Mensch, und je älter und spirituell fortgeschrittener er wird, desto mehr erinnert er sich an diese Begebenheiten. Aber nicht nur die eigene Negativität befindet sich in uns, sondern auch die Gedankenformen und die dunkle, in uns eingedrungene Energie von anderen, mit denen wir in Berührung kamen. Für eine umfassende innerliche Reinigung, die sicherlich ein längerer Prozess sein wird, ist der dritte Teil der Übung gedacht.

- Versenken Sie sich tief in Ihr Inneres, während Sie dem bekannten Atemrhythmus des Strahlens und Ausdehnens folgen. Richten Sie jetzt Ihre Aufmerksamkeit auf Formen von Negativität, die in Ihnen selbst ein Eigenleben führen, ohne dass Sie sich dessen vielleicht bewusst waren. Wenn Sie ehrlich mit sich selbst sind, wird Ihnen sicher bald ein Schatten, der Sie unangenehm berührt, oder ein dunkler Fleck in Ihrem Inneren auffallen. Auch eine kleine finstere Gestalt ist möglich.
- Wenn Sie ausatmen und die Lichtfolie expandieren lassen, atmen Sie auch diese negativen Emanationen aus. Die dunklen Wesen durchtrennen bei ihrem Austritt von innen heraus die Folie und verlassen den Körper. Aber keine Angst, die dünne Lichtschicht erneuert und repariert sich mit jedem Atemzug wieder ganz von selbst.

Ich empfehle, erst einmal nur eines dieser Schattenwesen zu entlassen und die Übung dann zu beenden. Allmählich, im Verlauf der nächsten Wochen und Tage können Sie sich der Reihe nach den anderen zuwenden. Sie folgen dann ihren Vorgängern. Auch wenn alle Arbeit getan ist und kein Einziger dieser Schatten mehr im Inneren zu finden ist, lohnt es sich von Zeit zu Zeit, sein Innenleben zu durchforsten, ob wieder etwas Negatives entstanden ist.

Wenn Sie Stress haben, sich in belastenden Situationen befinden oder mit schwierigen Menschen zu tun haben, bauen Sie mithilfe Ihres Atems und Ihrer Vorstellung diesen goldenen Schutz wieder auf. Sofort fühlen Sie sich stark und friedlich gestimmt. Und Sie können ganz sicher sein, dass Ihre Aura so gefestigt ist, dass keine neue Negativität eindringen und Sie schädigen kann.

Falls Sie einmal mit Blattgold gearbeitet haben, wird Ihnen diese gesamte Übung besonders leicht fallen. Dieses Material ist so zart, dass man die Folie mit einem Pinsel und nicht mit der Hand aufträgt, denn sonst würde sie zerreißen. Sie reagiert auf den leisesten Luftzug und bewegt sich mit dem Atem. Das Material ist so federleicht, dass es nicht belastet, und wenn es auf der Haut aufliegt, ist es kaum zu spüren. Genau so können Sie sich die Goldfolie in der Übung vorstellen.

Bauen Sie einen oder mehrere Teile der »goldenen Übung« in Ihr Leben und Ihren Alltag ein. Sie werden sich besser und stärker fühlen – und glücklicher sein.

Schritt 3: Das innere Licht kultivieren

Die folgenden Übungen geben Ihnen den stärksten Schutz, den Sie sich vorstellen können. Sie entwickeln nämlich in Ihrem Inneren ein schützendes Licht, das so nach außen strahlt, dass negative Angriffe Sie nicht mehr treffen können.

Wohin man auch blickt, in der Esoterik ist »Licht« ein fester Begriff, von dem viel gesprochen wird. Vor allem von dem Licht, in das die Seelen eingehen sollen, das uns vor dem Bösen schützt oder das von uns in die Welt gelenkt wird, um gute Stimmung zu erzeugen. Aber Licht ist nicht gleich Licht. Alle großen spirituellen Persönlichkeiten sprechen von den zwei Arten von Licht, nämlich dem kalten weißen und dem warmen, freundlichen Licht. Und das bedeutet einen großen Unterschied! Das kalte weiße Licht, das eine enorme Faszination ausstrahlt, ist das Licht der Täuschung. Viele schon sind ihm gefolgt, haben seinen Verlockungen geglaubt und wurden unmerklich in seinen Sog hineingezogen. Sie sind damit dem Licht der gefallenen Engel gefolgt, von denen bereits das Alte Testament, Jesaja 14,12 spricht, ebenso wie das Neue Testament – Lukas 10,18 sowie Offenbarung 12,7 ff. In vielen Kulturkreisen findet sich diese alte Geschichte von hohen Geistwesen, die so mächtig wie der Schöpfergott selbst sein wollten. All diese Wesenheiten sind von einem faszinierenden kalten Licht umhüllt, das ihre wahren Absichten verdeckt. Nicht umsonst gibt es im Schamanismus die Warnung, dass es zu beachten gilt, welchem Licht man folgen möchte.

Das echte Licht hat seinen Eingang in die Religionen der Welt gefunden und wird in eindrucksvollen Versen beschrieben. Ich denke da an den alten Hymnus der Orthodoxie: *Phos hilaron agias doxis*, »Heiteres Licht des heiligen Glanzes«. Oder an die Abendlieder der anglikanischen Kirche: *Hail, gladdening light, O gracious light* oder an das *Lead, kindly light* von John H. Newman. All diese Hymnen sprechen nur von dem einen, dem heiteren, dem freundlichen, dem liebevollen und sanften Licht der Oberen Welt. Auf dieses Licht dürfen wir vertrauen und ihm bedenkenlos folgen. Ich erwähne das nicht umsonst, denn ich habe mehrmals erlebt, wie Menschen nach schamanischen Reisen oder der Praxis unterschiedlicher Meditationstechniken, von einem Licht angeblich hoher Wesenheiten geblendet, ins Unglück stolperten.

Die folgende Übung wird Ihnen dabei helfen, in sich selbst das innere warme Licht zu entwickeln – diesen größten Schutz, den man im Leben haben kann.

Lichtübung

Sie sollten für eine ruhige und ungestörte Viertelstunde sorgen. Hier wird neben dem Atem nämlich mit einer starken positiven Imagination gearbeitet. Verfallen Sie nicht in den Fehler, zu denken, das seien ja nur Einbildungen, die gar nichts bewirken können, denn das Gegenteil ist der Fall. Nachweisbar erzeugen negative Vorstellungen tatsächlich physiologische Prozesse wie Verkrampfungen der Muskeln und Nerven, die Durchblutung wird behindert, weil sich auch die Gefäße verengen. Und natürlich wirken sich derartige belastende Bilder auch auf die Psyche aus. Dagegen zeigen positive Bilder eine intensive positive Wirkung auf allen Ebenen. Die Muskeln entspannen sich, die Haut wird rosig, weil die Durchblutung angeregt wird. Meist fängt es auch im Bauch zu gluckern an. Diese Geräusche empfinden zwar manche als peinlich, Sie sollten sich aber darüber freuen, denn das Gluckern bedeutet, dass sich die winzigen Muskeln und Nerven im Gebiet des Darmes aus alten Verkrampfungen lösen.

- Nehmen Sie einige ruhige Atemzüge und entspannen Sie sich.
- Bei der nächsten Ausatmung visualisieren Sie eine strahlende Wolke weißen Lichts über Ihrem Kopf. Ziehen Sie diesen lichten Nebel mithilfe Ihres Atems in den Kopf hinein.
- Stellen Sie sich dann vor, dass sich daraus ein helles Band löst und im Uhrzeigersinn durch den ganzen Körper bis hinunter zu den Fußsohlen dreht. Eine leuchtende Spirale wirbelt vom Kopf bis zu den Füßen hinab. Durch diese Drehung und das Licht werden kleinere und größere Teile negativer Energie gleichsam aus der Aura herausgeschleudert. Die Drehrichtung der Lichtspirale während dieser Meditation ist von Bedeutung, denn Radiästheten und Energetiker haben bei Versuchen festgestellt, dass Drehungen im Uhrzeigersinn negative Energie abladen und Drehungen gegen den Uhrzeigersinn uns mit positiver Energie aufladen. Beobachten Sie dieses Geschehen, diese spiralige Drehung im Uhrzeigersinn, eine Weile.
- Imaginieren Sie dann folgenden Vorgang: Jetzt entwickelt sich, von den Füßen ausgehend, ein goldenes Band, das sich nun gegen den Uhrzeigersinn von außen um den ganzen Körper herumdreht und ihn nach und nach mit einem zarten Schimmer umgibt. Dieser strahlende Film wehrt energetische Angriffe ab, sodass die dunklen Energien nicht

mehr in die Aura eindringen können. Gleichzeitig bleibt er durchlässig für alle positiven Energien.
- Nun sind Sie bereit, die Übung abzuschließen und das Wohlgefühl mit in Ihren Alltag hineinzunehmen.

Schützendes Licht für Fortgeschrittene

Wer genügend Erfahrung in meditativen Techniken mit sich bringt, kann das Üben mit dem inneren Licht erweitern. Bei dieser Variante ist es unbedingt nötig, sich eine ungestörte Umgebung zu schaffen, und zwar, weil sich Aspekte der Seele dabei kurzfristig vom Körper dissoziieren. Das bedeutet, Körper und Teile der Seele trennen sich für eine kurze Weile. Keine Sorge, Sie verlieren weder das Bewusstsein noch sich selbst und auch nicht die Seele. Es geht vielmehr darum, dass die Teile Ihres Wesens, die mit negativen Energien und Erfahrungen belegt sind, befreit und erfrischt werden. Anschließend werden sie wieder in den Körper integriert, es geht also nichts verloren.

Diese wunderbare Übung umgibt Sie zudem mit einem starken Schutzmantel. Wenn Sie sich darauf einlassen, hilft sie Ihnen, Ihre speziellen Belastungen zu erkennen und Probleme zu lösen. Sie können im Sitzen oder Liegen üben.

- Die Imagination beginnt damit, dass Sie sich in das Innerste Ihrer Seele hineinbegeben. Vertrauen Sie Ihrer Vorstellungskraft, und es wird Ihnen gelingen.
- In der Mitte Ihrer Essenz werden Sie zu einer hellen, warmen Lichtquelle geführt. Verweilen Sie im Betrachten dieses Lichts, dehnen Sie es aus und schmelzen Sie schließlich in seinen beglückenden Strudel hinein.

- Zarte Lichtstrahlen weben sich jetzt um Ihren Körper herum und bilden einen schützenden Kokon.
- Denken Sie an ein Problem oder einen erlebten oder möglichen Angriff, der Sie gerade beschäftigt. Denn jetzt werden Sie, ob mithilfe Ihres Schutzengels oder auch mithilfe dieses warmen Lichts, den Teil Ihrer Seele, der damit zu tun hat und dafür bereit ist, ein Stückchen über den Körper hinaustragen. Das erlaubt Ihnen einen distanzierteren Blick auf mentale oder physische Blockaden.
- So schwebt dieser Seelenteil in der Geborgenheit des Lichts über Ihren Körper hinaus. Ihr ganzes Energiefeld wird dadurch verändert. Lassen Sie sich Zeit, um bewusst oder unbewusst alles wahrzunehmen, was Sie in dieser bestimmten Angelegenheit belastet. Und im zweiten Schritt auch die Möglichkeiten, die Ihnen aus diesem Dilemma heraushelfen. Bitten Sie Ihren Schutzengel oder das Licht selbst, genau dieses Wissen, das Sie brauchen, jetzt als Energie in Sie hineinströmen zu lassen.
- Lockern Sie nun langsam alle Gelenke, Arme und Beine durch minimale Bewegungen, so können Sie nämlich am besten spüren, wie die wunderbare schützende Energie den ganzen Körper erfüllt.
- Dann wird es allmählich Zeit, den Seelenteil wieder zurückzuholen. Wie in einer Art goldenem Netz zieht das warme Licht ihn in den Körper zurück. Und mit ihm sowohl das Wissen über vergangene oder mögliche Angriffe und Probleme als auch über deren Lösung. Das Wissen ist nun in Ihnen und wird in Ihnen wirken, auch wenn Sie es vielleicht bewusst nicht wahrnehmen können.
- Beenden Sie die Übung, indem Sie sich strecken. Nehmen Sie drei tiefe Atemzüge, bevor Sie die Augen wieder öffnen. In Ihnen wirkt nun ein lichtvolles, schützendes Be-

wusstsein, das auch durch Sie hindurch nach außen strahlt und allmählich Ihre Art der Wahrnehmung und des Denkens verändert.

Je häufiger Sie üben, desto stärker wird Ihr Schutzmantel aus Licht. Die negativen Energien finden keinen Einstieg mehr. Und ganz nebenbei können Sie mit dieser Übung auch persönliche Probleme lösen.

Das Freudengeheimnis

Diese beiden Übungen werden Sie im Laufe der Zeit zu etwas Wunderbarem hinführen, nämlich zum »Freudengeheimnis«. Manche Menschen haben das Glück, schon damit geboren zu werden. Andere bemühen sich sehr darum und finden es nicht. Wieder andere kennen es gar nicht und haben weder Zeit noch einen Sinn dafür, es zu entdecken und zu kultivieren. Doch viele Wege führen zu ihm hin. Auch wenn manche es nicht hören möchten: Es sind dies alles Wege des Glaubens und der Transzendenz, wie es sie in allen Religionen gibt. Warum wohl? Damit die Menschen glücklicher werden, und das ganz von allein aus ihrem Innersten heraus. Alles andere ergibt sich dann nämlich von selbst. Auch die schamanischen Traditionen strömen auf dieses Eine zu, oder man könnte auch sagen: Sie setzen es voraus. Kein Schamane kann heilen oder helfen, wenn er nicht dieses Geheimnis in sich gefunden hat. Und wer dieses Geheimnis bewusst in sich trägt, trägt auch einen tiefen Schutz mit sich, der ihn selbst in schlimmen Lebenslagen nicht verzweifeln lässt. Je öfter Sie beispielsweise das Grundprogramm in seinen drei Phasen üben, desto gesünder und glücklicher werden Sie!

Geschenke der schamanischen Welt

Nach schamanischer Auffassung wird jedem Menschen bei der Geburt ein Geschenk mitgegeben. Es liegt schön eingewickelt direkt neben seiner Eintrittspforte in die Welt. In diesem Paket sind alle Talente, die diese Person nutzen könnte, enthalten. Wie schade, wenn wir es nicht beachten! Während schamanischer Reisen sehe ich leider nur zu oft, dass dieses Geschenk der schamanischen Geisterwelt neben der Eintrittspforte ins Leben liegen bleibt und allmählich vergammelt. Es zu öffnen bringt beides: eine große Bereicherung und einen großen Schutz.

Es gibt aber noch einen anderen Zündschlüssel zu einem beschützten Leben, und das ist »das geheime Wort«. Auch dieses wird jedem neugeborenen Kind als Quelle der Kraft mit ins Leben gegeben. Wenn Sie es gefunden haben, wird es zu einem Leuchtturm, der Ihnen auch während der dunklen Zeiten der Bedrängung durch negative Energien immer ein Licht der Kraft sendet. Bei Romano Guardini, einem italienischen Religionsphilosophen, fand ich dieses schamanische Wissen sehr eindrücklich wiedergegeben. Und wie es mit Belehrungen aus der Oberen Welt so üblich ist, wurde es ihm im Traum eingegeben: »Heute Nacht, aber es war wohl morgens, wenn die Träume kommen, dann kam auch einer zu mir. Es wurde gesagt, wenn ein Mensch geboren wird, wird ihm ein Wort mitgegeben. Es wird hineingesprochen in sein Wesen, und es ist wie ein Passwort zu allem, was geschieht. Es ist Kraft und Schwäche zugleich. Es ist Auftrag und Verheißung. Es ist Schutz und Gefährdung. Alles, was dann geschieht, ist Auswirkung dieses Wortes, ist Erläuterung und Erfüllung. Und vielleicht wird dieses

Wort die Unterlage sein zu dem, was der Richter einmal zu ihm sprechen wird.«[10]

Machen Sie sich auf den Weg, meditieren Sie über Ihr Geschenk und vertiefen Sie sich in die Suche nach Ihrem Wort. Eine spannende Reise liegt vor Ihnen, ähnlich wie sie vor dem jungen keltischen Mönchsschüler Brand lag, der in der Erzählung von »Wyrd« beschrieben wird. Bevor er sich voll für sein Mönchsleben entscheiden durfte, verlangte der Klostervorsteher von ihm, eine schamanische Schulung durchzumachen. Gegen deren Ende traf er seine eigene Seele. Das Glück, das er dabei empfand, ist kaum zu beschreiben.[11] So wird es uns auch ergehen, wenn wir das Geschenk öffnen und annehmen und wenn wir unser Lebenswort finden. Beides macht unser eigenes und das Leben unserer Mitmenschen freudiger und reicher. Und beides webt einen strahlkräftigen Schutz vor allem Übel um uns herum.

---

10 Guardini, Romano: »Berichte über mein Leben«, Seite 20.
11 Bates, Brian: »Wyrd. Der Weg eines angelsächsischen Zauberers«.

Sich in der eigenen Wohnung wieder wohlfühlen

Einige Menschen fühlen sich immer dann wohl, wenn sie nicht in ihrer Wohnung sind. Kaum stecken sie aber den Schlüssel in das Schloss ihrer Haustür, fühlen sie, wie es ihnen den Hals zuschnürt. Das Wissen, was dieses »es« tatsächlich ausmacht, hilft ungemein und ist der erste Schritt, um dieses Problem zu lösen. Absoluten Vorrang hat meiner Erfahrung nach in solchen Fällen die Suche nach natürlichen oder technischen Störquellen. Zu den natürlichen Ursachen gehören Gesteinsverwerfungen, Wasseradern, das Magnetfeld und die Gittersysteme der Erde wie zum Beispiel das Hartmann-Gitter, das Curry-Netz und das Benker-Gitter. Bestimmte Fachleute können auch denjenigen helfen, die damit Probleme im Wohnbereich haben.

Technomantie

Zu den künstlich erzeugten Störungen zählen ausschließlich technische Strahlungen wie Elektrosmog oder Technomantie. Bei der Technomantie, die auch Technopathie genannt wird, handelt es sich um ein sehr interessantes Forschungsgebiet. Sie entsteht nämlich nur durch die vom

Menschen selbst geschaffenen Gegenstände, die schädlich wirken können. Dazu gehören Stahlmasten, technische Geräte und, ganz erstaunlich, sogar Federkernmatratzen. Eine häufige Störung im eigenen Haus entsteht durch konische Metallkörper, wie sie in jeder Wohnung vorkommen, zum Beispiel in Gestalt von Metallständern der Lampen. Die Störungen kommen dadurch, dass die Form und das Material von Gegenständen eine Art Resonanzschirm bilden können. Unter bestimmten Wetterverhältnissen oder unter dem Einfluss natürlicher oder technischer Strahlung ist es möglich, dass völlig harmlose Objekte eine schädliche Wirkung entfalten. Dieser Einfluss ist allerdings flexibel und kann allein durch Verrücken des betreffenden Gegenstands verschwinden.

Damit Sie eine Vorstellung davon bekommen, wie sich so etwas auswirken kann und wie unterschiedlich es von Fachleuten beurteilt wird, möchte ich Ihnen ein Beispiel erzählen. In meinem Haus habe ich nämlich einmal eine derartige Störung erlebt. Mit einem Mal konnten mein Mann und ich nicht mehr schlafen. Druck auf der Brust, Herzrasen, hoher Puls und ein elendes Gefühl plagten uns, an Schlaf war nicht zu denken. Erschöpft dämmerten wir dann vor uns hin, um nach drei Stunden wieder hellwach zu sein. Ich engagierte mehrere sehr bekannte Geomanten, die herausfinden sollten, wie diese so plötzlich eingetretene Störung zu beheben sei. Am ehrlichsten fand ich denjenigen, der nach fünfzehn Minuten das Haus mit den Worten »Technomantie, da kann man nichts machen« verließ und später einige hundert Euro verlangte. Von einem anderen wurde festgestellt, dass sich Seelen im Haus herumtrieben und schlechte Stimmung machten. Das kam mir zwar unwahrscheinlich vor, aber in meiner Verzweiflung nahm ich trotzdem das Angebot seiner Frau an, das Problem durch ein Gespräch mit den »bösen Seelen« zu lösen. Das kostete nun schon mehrere tausend Euro, die ich gern bezahlte, wenn nur der Spuk endlich verschwinden würde.

Aber das tat er nicht. Nach einigen Wochen Schlaflosigkeit besuchte uns ein befreundetes und in der praktischen Geomantie erfahrenes Arztehepaar. Die Ärztin ging mit ihren Messgeräten in den zweiten Stock und stellte dort einen sehr starken negativen Einfluss fest, während ihr Mann durch das Haus stromerte. Mit einem Mal rief sie nach einem kurzen Blick auf ihr Messgerät aus: »Jetzt ist die Störung verschwunden!« Und nach ein paar Minuten: »Jetzt ist sie wieder da!«

Was war geschehen? Aufgrund von Umbaumaßnahmen hatte ich eine kleine Skulptur aus Goldbronze von ihrem angestammten Platz entfernt und in ein Regal unterhalb eines DECT-Telefons gestellt. Das Telefon hatten wir seit Jahren, und es hatte nie gestört. Unser Freund hatte auf seinem Spaziergang durch das Haus diese Figur gesehen und in den Gang getragen, sofort war die Störung verschwunden. Als er sie wieder an den Platz im Regal stellte, trat sie sogleich und nachmessbar wieder auf. Anscheinend hatte die hohle Bronzefigur die technische Strahlung des Telefons verstärkt und ins obere Stockwerk geleitet. Dem befreundeten Ehepaar bin ich heute noch dankbar. In weniger als fünf Minuten hatten die beiden herausgefunden, worin die negative Strahlung ihre Ursache hatte, und das Problem beseitigt. Als ich anschließend den Geomanten mitteilte, dass wir wieder gut schlafen konnten und warum, kam die lakonische Antwort: »Wie schön für Sie.«

Geschichten über verlorene Seelen, wandernde Geister oder die Lage des Hauses auf einer Stelle, an der vor Jahrhunderten einmal ein Mord stattgefunden hatte, werden gern erzählt und geglaubt. Gelöst wird das Problem dadurch aber nur selten. Daher empfehle ich Ihnen dringend: Klären Sie zu allererst ab, ob Sie möglicherweise ein Opfer von technischen oder natürlichen negativen Energien geworden sind.

Kranke Räume heilen

Ganz anders sind die Fälle gelagert, bei denen eine negative und schwere Energie, die sich in den Räumen festgesetzt hat, stört. Häufiger, als man denkt, hat dieses Phänomen mit den Erlebnissen zu tun, die die Bewohner selbst in diesen Zimmern durchlebt haben. Das können hässliche Auseinandersetzungen mit schwierigen Familienmitgliedern gewesen sein oder das Durchleiden einer Erkrankung, die einen tief getroffen hat. Ich habe von Patienten erfahren, dass es sie jedes Mal würgt, wenn sie den Raum betreten, in dem sie während einer bedrohlichen Krankheit im Bett lagen, oder das Zimmer, in dem ihnen eine schreckliche Nachricht übermittelt wurde.

Solche Reaktionen sind nur allzu verständlich. Aber auch derartige Erinnerungsreflexe an gewisse Traumata sind relativ leicht zu überwinden. Das kann ein Therapeut, der in Traumatherapie oder speziell EMDR (Eye Movement Desensitization and Reprocessing) erfahren ist, in wenigen Stunden bewerkstelligen. Denn es handelt sich hier nicht um den Einfluss böser Mächte, sondern um eine Codierung unseres Bewusstseins auf bestimmte negative Erlebnisse und Erfahrungen.

Praxis: Frischen Wind hineinbringen

Das Wichtigste in diesen Fällen ist, ein anderes Klima zu schaffen und den Raum so zu verändern, dass das Bewusstsein ihn nicht mehr mit der darin stattgefundenen Belastung verknüpft. Es hilft, ihn sehr gründlich zu lüften und mit Wacholderzweigen auszuräuchern. Streichen Sie dann den Raum mit einer neuen Farbe, die sich deutlich von der alten unterscheidet. Neue Gardinen und Bettwäsche sind ebenfalls zu empfehlen. Die damals getragene Nachtwäsche wird am besten entsorgt und durch neue ersetzt. An all diesen Gegenständen haftet nämlich die belastende Erfahrung, und manchmal genügt es einfach nicht, die Wäsche in die Waschmaschine zu stecken, weil zum Beispiel allein ihr Blumenmuster die negativen Erlebnisse wieder wachrufen kann. Solange der Raum vom Gehirn als der gleiche erkannt wird, in dem das negativ Erinnerte stattfand, wird sie augenblicklich getriggert. Aus diesem Grund haben solche Veränderungen eine überzeugende Wirkung.

Praxis: Wasser und Salz

Wenn es sich aber tatsächlich um die Einwirkung von dunklen Kräften handelt, halte ich geweihtes Wasser und Salz für besonders wirksam. Beide sind als Dreikönigssalz und Dreikönigswasser erhältlich, denn am 6. Januar werden in katholischen und orthodoxen Kirchen Wasser und Salz in einem feierlichen Ritual gesegnet. Aus einem großen Metallkessel kann sich jeder etwas davon nehmen und nach Hause tragen.

- Streuen Sie das Salz über den Fußboden und lassen Sie es über Nacht einwirken. Am nächsten Tag können Sie es zusammenkehren und entsorgen, es hat dann alle negative Energie aufgenommen.
- Nun versprengen Sie das geweihte Wasser im Raum.
- Wenn Sie zusätzlich noch etwas zum Schutz Ihrer Wohnung tun möchten, besorgen Sie sich ein Fläschchen mit dem Öl von den Wurzeln der *Angelica archangelica* (Engelwurz). Dieses Öl ist teuer, und es genügen nur wenige Milliliter, um ein Haus zu schützen. Die Essenz riecht stark und herb. Tropfen Sie auf einen Wattebausch nur einen einzigen Tropfen Angelicaöl und legen Sie in jede Zimmerecke einen solchen Schutz.

Der Geruch und die Magie der Engelwurz bilden eine abschreckende Grenze für jeden Angreifer. Von der Kraft dieser Wurzel erzählt auch ihr symbolischer Name, denn die lateinische Bezeichnung *archangelica* bedeutet »Erzengel«. Diese körperlosen Mächte gehören mit zu den stärksten Engelwesen, die helfen, uns Menschen zu schützen.

Falls nichts von all diesen hier erwähnten Maßnahmen wirkt, rufen Sie einen Fachmann zu Hilfe, der viel Erfahrung mit der Behandlung von negativen Kräften hat.

Was nur ein Schamane oder Fachmann kann

In den vorausgegangenen Abschnitten haben Sie gelesen, wie Sie sich selbst gegen negative Energien schützen können. Allerdings gibt es neben diesen Maßnahmen auch einige, bei denen das Wissen von Schamanen oder Fachleuten gefordert ist. Denn wir können in manchen Fällen nicht alles selber machen, teils, weil wir durch einen energetischen Angriff geschwächt sind. Teils aber auch, weil uns die innere Ruhe und die Unabhängigkeit abhanden kommen, wenn wir selbst betroffen sind. Aggressive Energie schwächt auch die Konzentrationskraft, sodass wir nicht in der Lage sind, klar zu sehen und zu handeln.

Entscheidende Maßnahmen zur Befreiung von den Attacken negativer Energie sind nur dann möglich, wenn starke Helfer in der Oberen und Unteren Welt einen Teil dieser Aufgaben übernehmen und den Schamanen bei seiner Arbeit unterstützen. Es reicht nicht aus, diese Helfer einfach so anzufordern wie zum Beispiel einen Klempner. Sie werden uns Menschen nämlich nach unseren Fähigkeiten und Kenntnissen von diesen Welten zugeteilt. Das bedeutet, dass jemand nach langen schamanischen Erfahrungen und Forschungen von diesen Kräften als derjenige Mensch ausgesucht werden kann, mit dem sie am besten zusammenwirken können.

Nicht zuletzt können Personen, die sich von sich aus berufen fühlen, etwas gegen Angriffe zu unternehmen, die ganze Angelegenheit unter Umständen so verschlimmern, dass es ihnen selbst und dem Opfer schlechter geht als je zuvor. Überlassen Sie gewisse Tätigkeiten also lieber den Fachleuten. Es ist doch schön, dass es Menschen gibt, die genug Wissen und Kraft haben, um korrekt schamanisch eingreifen zu können.

Die Befreiung von verstorbenen Seelen, von anhaftenden Energien wie zum Beispiel Flyers, parasitären und anderen eindringenden Energien gehören unbedingt in die Hand eines Fachmanns! Erstens kann der »normale« Mensch nicht erkennen, von welcher Art ein Angriff ist, und dementsprechend auch nicht, wie er zu behandeln ist. Leute, die schamanisch etwas belesen sind, neigen oft dazu, diese negativen Elemente »vernichten« zu wollen. Das ist aber wirklich keine gute Idee, denn einige dieser eindringenden Wesenheiten vermehren sich bei einem solchen Vorgehen, anstatt sich geschlagen zu geben. Wir hatten über das Untier, dem für jeden abgeschlagenen Kopf zwei neue nachwachsen, bereits gesprochen. Andere, die auf der sanften esoterischen Linie sind, senden »Licht und Liebe«, ein Topos, der in der spirituellen Literatur wohlbekannt und sicher gut gemeint ist. Leider hilft diese Methode meist auch nicht weiter, denn Angreifer müssen auf eine andere Art und Weise angesprochen und neutralisiert werden. Schauen wir uns genauer an, in welchen Bereichen echte Fachleute gefragt und vonnöten sind.

Die Seelen Verstorbener geleiten

Verstorbene Seelen flattern nicht in der Welt herum und belästigen aus Langeweile die Lebenden. Sie haben immer ein Anliegen oder die Bitte, ihnen aus einer inneren Notlage herauszuhelfen. Und genau diese Probleme müssen erkannt und gelöst werden, damit sie ihren Frieden finden. Einfach nur zu befehlen »Geh ins Licht« hilft leider wenig. Eine verstorbene Seele, die bei einem Lebenden weilt, möchte, dass ihre Angelegenheit in Ordnung kommt oder ein Denkfehler geklärt wird. Da benötigt ein Schamane schon ein gewisses psychologisches Feingefühl, Menschenkenntnis und genügend Fantasie, denn er muss sich auf die Bedürfnisse jeder einzelnen Seele in besonderer Weise einstellen.

Wenn das Anliegen des Verstorbenen dann gelöst werden konnte, ist das nur die halbe Arbeit, denn eine Seele hat in unserer Mittleren Welt nichts zu suchen und wird hier nicht glücklich werden. Sie muss also an einen Ort begleitet werden, an dem sie ihre Ruhe findet. Der Seelengeleiter darf sich dabei nicht durch die eigene Weltanschauung oder das eigene Glaubenssystem einengen lassen, das die jeweilige Seele vielleicht nicht teilen kann. Und nicht zuletzt muss er die Wege kennen, die er diesen Seelen anbieten kann. Das übliche »Geh ins Licht« ist keine sehr genaue Wegbeschreibung. Verstorbenen bei der Lösung ihrer Verstrickung in eigene Probleme zu helfen und sie als Psychopompos zu begleiten, ist eine sehr bewegende Aufgabe. Nur wenige Menschen sind in der Lage, sie zu erfüllen.

Ich habe auch Seelen von Verstorbenen erlebt, die aus anderen Gründen bei den ihnen nahestehenden Personen blieben. Die sich zum Beispiel durch Abbrucharbeiten an Gräbern in ihrer Totenruhe gestört fühlten, die sich an ungerechten Erbschaftsstreitigkeiten festgebissen hatten, die fanatisch an früherem Grundbesitz festhielten, die sich entschuldigen wollten für etwas, was sie getan hatten und das ihnen jetzt bitter leid tat, die eine Warnung aussprechen, Rache nehmen oder eine falsche Behauptung richtigstellen wollten. Seelen hängen sich nämlich nicht einfach willkürlich an eine Person. Sie tragen immer eine Bitte oder ungelöste Probleme mit sich herum, die sie so stark belasten, dass sie nicht zu Frieden finden können, bis wir Lebenden es auf irgendeine Weise schaffen, diese Angelegenheit für sie zu lösen. Das kann meiner Erfahrung nach sehr, sehr lange dauern, und schamanische Hilfe bietet sich hier unbedingt an.

Klar ist also, dass die Seele, obwohl der Mensch körperlich verstorben ist, durchaus noch Anliegen haben oder sich in Nöten befinden kann. Nicht alle Seelen wissen zudem, wohin sie nach ihrem Tod gehen sollen. Nicht alle können und nicht alle wollen fortgehen. Mit diesen vielfältigen Möglichkeiten muss sich ein Schamane befassen, wenn seine Patienten durch anhaftende Seelen belastet sind. Die große Erleichterung, die es beim Betroffenen auslöst, wenn die Verstorbenen von ihren Ängsten und Zweifeln befreit sind oder wenn ihr Anliegen gelöst wurde, ist auch mir jedes Mal eine tiefe Freude.

Nicht umsonst ist in allen Kulturen, und besonders in den sehr alten, das Thema »Verstorbene Seelen« immer ein ganz großes. Gerade in den geheimnisvollen Völkern des Altertums und der Vorgeschichte, die auf heutige Menschen eine so große Faszination ausüben, gehörte es zu den wichtigsten Aufgaben, dafür zu sorgen, dass es den Verstorbenen gut geht, dass ihre Seelen zufrieden sind und dass sie an den Ort gelangen, der für die jeweilige Kultur das Paradies darstellt. Um das Wohlergehen der Seelen zu garantieren, haben die Menschen erhebliche Anstrengungen auf sich genommen, und dabei entstanden imponierende Bauten, denken Sie nur an die ägyptischen Pyramiden. Und nicht zu vergessen: Die Archäologie hat einen großen Teil ihres Wissens über das Leben, den Glauben und die Pflichten dieser Menschen, die unsere Ahnen sind, eben aus Gräbern und den kostbaren Geschenken, die sie ihren Verstorbenen mit auf ihre Reise gegeben haben, entschlüsselt. Gelegentlich stelle ich mir angesichts solcher Zusammenhänge die Frage, weshalb der Glaube an eine Gottheit oder an ein Weiterleben der Seele im 21. Jahrhundert als nicht mehr zeitgemäß betrachtet wird. Über viele Tausend Jahre hindurch war dieses Wissen nämlich das Allgemeingut aller Völker und Kulturen.

Magische Schutzschilde finden

Schutzschilde zu finden, gehört in die wissenden Hände eines Schamanen. Obwohl es leicht erscheinen mag, einen solchen Schild aus den Tiefen des bislang Unbekannten zu heben, bedarf es doch gewisser Kenntnisse und vor allem eine Portion Unterscheidungskraft, um zu erkennen, ob man tatsächlich ein heilendes Symbol vor sich hat, das eine kritische Situation bereinigen kann. Mit einer Mischung aus Erheiterung und Sorge denke ich an die vielen »Schildchen«, die mir im Laufe der Jahre von meinen Lesern gezeigt wurden, um meine Meinung dazu zu hören. Für das Entwerfen von Amuletten gilt das Gleiche.

Exorzismus

Zu den sogenannten Exorzismen, also der Vertreibung von Geistern und Dämonen, kann ich nur sagen: Hände weg davon! Nicht umsonst gibt es in der katholischen und orthodoxen Kirche nur ganz wenige Personen, die darin ausgebildet sind und denen es erlaubt ist, solche Handlungen vorzunehmen. Dazu braucht es nämlich eine enorm starke und gefestigte Persönlichkeit, die in der Lage ist, dunklen Mächten standzuhalten und sie zu neutralisieren. Einem erfahrenen Schamanen, der von der Oberen Welt für diese Aufgabe ausgesucht wurde, wird auch die Kraft gegeben, sie zu erfüllen. Gott sei dank ist das keine alltägliche Aufgabe, Exorzismus beschränkt sich auf sehr seltene Notwendigkeiten.

Verwünschungen aufheben

Auch dem Thema der Verwünschungen und Verfluchungen sollte man sich nicht blauäugig zuwenden. Der Behandler muss ihnen nämlich etwas sehr Starkes entgegensetzen, um sie aufzulösen. Um solche Angelegenheiten behandeln zu können, braucht es – genau wie in unserer sichtbaren Welt – eines, nämlich Connections. Also gute Beziehungen und Kontakte zu den heiligen Wesen der Oberen und Unteren Welt. Ganz allein und ohne ihre Hilfe vermag auch der Schamane gar nichts.

Einem meiner Patienten habe ich in dieser Hinsicht sehr viel zu verdanken. Er kam zu einer schamanischen Behandlung, und ich sah in ihm so viele entsetzliche Begebenheiten, dass ich zögerte, davon zu sprechen. Er spürte meine Unsicherheit und sagte: »Nur zu! Jetzt möchte ich wirklich hören, was Sie gesehen haben.« Es stellte sich heraus, dass er von Beruf Kampfmittelräumer war. Das bedeutete, dass er auf die Kriegsschauplätze in der ganzen Welt gerufen wurde, um das dort verbliebene Gefahrengut aufzuräumen. Aus diesem Grund war er nach Afrika, Kambodscha, Vietnam und auf den Balkan gereist und hatte an diesen Orten Schreckliches gesehen. Er konnte seinen Beruf nur unter großer Lebensgefahr ausüben. Es erfordert eine hohe Konzentration, Mut und innere Ruhe, um die verschiedenen Arten von Minen, Munition und Sprengmitteln unschädlich zu machen. Mit der schamanischen Behandlung war er sehr zufrieden und verabschiedete sich am Ende mit den knappen Worten: »Wenn Sie einmal Hilfe brauchen, einfach nur anrufen!«

Als ich einige Monate später in die Lage kam, einen Patienten zu behandeln, gegen den extreme negative Angriffe gerichtet waren, erinnerte ich mich an ihn. Denn ich hatte entdeckt, dass der Angreifer sich und sein Werk durch eine Art Minen im Feinstofflichen geschützt hatte. Es war zu gefährlich für mich, mich diesem magischen Aggressor zu nähern, um den Betroffenen zu befreien. Also rief ich den Kampfmittelräumer an. Seine Frau war am Telefon, und als ich sie bat, mir ihren Mann zu rufen, da ich eine Mine zu entschärfen hätte, gab sie mir die richtige Antwort: »Das überlassen Sie mal lieber den Fachleuten!« Ihr Mann kam schnell zum Telefon und schilderte mir unterschiedliche Methoden, um die gefährlichen Objekte zu neutralisieren. Das war eine der kostbarsten Lektionen, die ich erlernen durfte und seitdem immer wieder angewandt habe, um zu helfen.

Die Wirkstätte des Negativen aufsuchen

Der Schamanismus enthält das tiefe Wissen um ein magisches Handeln. Damit die Werke von Personen, die magisch arbeiten, auch wirken können, müssen sie in einer besonderen Weise und an einem besonderen Ort vollzogen werden. Dieser Ort ist dann auch der Ausgangspunkt der jeweiligen dunklen Magie. Für die schamanische Arbeit ist es daher sehr wichtig, genau zu wissen, wie man mit solchen Plätzen, dem Ursprung des negativen Angriffs, umzugehen hat. Da diese Plätze durch alle möglichen Maßnahmen geschützt sind, darf sich nur ein erfahrener Schamane in ihre Richtung bewegen.

Anhaftung von negativen Fremd- oder Eigenenergien lösen

Sehr belastend für einen Menschen sind energetische Felder, die sich an ihn geheftet haben. Darunter fallen verschiedene Möglichkeiten einer Besetzung durch Seelen, sogenannte Flyer oder Fremdenergien, die sich von außen an eine Person heften. Am häufigsten sind die Kontakte mit Seelen Verstorbener. Dennoch müssen wir keine Angst davor haben, denn schaden wollen diese Wesen uns bestimmt nicht. Immer liegt dieser Art von Anhaftung eine

Resonanz zugrunde. Allerdings sollte ein Profi mit diesen Dingen umgehen, damit alles gut ausgeht.

Fallbeispiel: Missbrauchsvorwürfe

Dazu möchte ich die bewegende Geschichte einer Oberstudienrätin erzählen. Sie litt, seit sie sich aus Neugier einer esoterischen Behandlung unterzogen hatte, an wehmütigen Gedanken, die ihren Vater betrafen. Und das war auch erklärlich, denn die Reinkarnations-Therapeutin hatte ihr erzählt, dass er sie als zweijähriges Kind sexuell missbraucht hätte. Die Dame bekam Zweifel, sie hatte ihren Vater sehr geliebt und natürlich keinerlei Erinnerung oder Resonanz an ein so frühes Ereignis. Ihr Vater war jung verstorben, sodass sie nicht mehr nachfragen konnte. Die Zweifel quälten sie jahrelang. Als ich sie schamanisch behandelte, sah ich die Seele ihres Vaters neben ihr stehen und sie inständig bitten, doch an seine Unschuld zu glauben. Er habe sie nie angerührt und sei unendlich traurig, dass sie sich mit dem Gedanken an ein so hässliches Geschehen selbst wehtat. Als ich ihr das erzählte, wurde sie von einer Welle der Erleichterung überschwemmt und sie fühlte, wie eine starke Liebe zu ihrem Vater die Zweifel auflöste. Ich sah noch, wie ihrem Vater vor Freude, dass seine Tochter wieder an ihn glaubte, die Tränen über das Gesicht liefen, bevor er sich verabschiedete. Er hatte die ganzen Jahre seit dieser Reinkarnations-Therapie bei seiner Tochter ausgeharrt, weil er hoffte, irgendwann einmal mit der Wahrheit zu ihr durchzudringen.

Dann erkannte ich noch eine zweite Seele, die sich an die Dame gehängt hatte, ein junges, hübsches Mädchen, das durch einen Unfall verstorben war. Sie war auf dem Weg zu meiner Klientin, ihrer Lehrerin, gewesen, weil sie ihr anvertrauen wollte, dass ihr Vater sie missbrauchte. Meine Patientin musste nicht lange überlegen, als ich sie fragte, ob sie sich an den tödlichen Unfall einer Schülerin erinnerte. Tatsächlich hatte sie das Mädchen sehr bedrückt um ein Gespräch gebeten und war auf dem Weg zu ihr, als das Unglück geschah.

Das alles machte mich nachdenklich, und ich halte es für wahrscheinlich, dass die Reinkarnations-Therapeutin das Thema Missbrauch zwar richtig wahrgenommen hatte, sich aber in der Interpretation täuschte. Diese voreilige Zuordnung brachte meiner Patientin jahrelang innere Kämpfe und Zweifel. Die Seele des Vaters kam zu ihr, weil sie hoffte, dass seine Tochter irgendwann einmal offen für die Wahrheit sei.

Deshalb ist es bei solchen Therapien, auch bei der schamanischen Behandlung, wichtig, immer die Resonanz und Akzeptanz beim Klienten zu erfragen. Gibt es keine, dann ist die Behauptung des Therapeuten recht unwahrscheinlich. Fehlinterpretationen und Fehldiagnosen sind nur menschlich und kein Therapeut sollte sich von einem solchen Irrtum ausschließen und fest auf seiner Ansicht bestehen, obwohl der Patient keinen emotionalen Zusammenhang herstellen kann.

Wenn sich eine Seele an eine Person hängt, dann hat sie immer einen Grund dafür. Auch an diesem Beispiel wird das klar. Die Seele des Vaters litt darunter, dass seine Tochter ihn des Missbrauchs verdächtigte. Die Seele der Schülerin war ganz erfüllt von ihrem schweren Problem und brannte darauf, sich ihrer Lehrerin anzuvertrauen und sie um Rat zu bitten. Da ihr früher Tod – noch dazu auf dem Weg zu diesem Gespräch – das verhinderte, hatte sich ihre Seele an die Vertrauensperson geheftet, von der sie sich Hilfe erhoffte.

Flyer

Eine andere Form der Anhaftung, mit der sich allerdings nicht so gut verhandeln lässt wie mit den verstorbenen Seelen, sind Wesenheiten, die ich Flyer nenne. Sie sehen aus wie große dunkle Vögel, wie eine Mischung aus Fledermaus und Krähe, und sie verbreiten eine sehr unangenehme Stimmung um sich herum. Es ist ganz deutlich zu spüren, wenn man es mit einer Person zu tun hat, die von ihnen befallen ist. Charaktere, die überwiegend negative Gedanken voll von Neid, Missgunst oder Groll mit sich herumtragen, sind für Flyer prädestiniert. Denn diese kommen nicht von irgendwoher angeflogen, sondern werden von der betreffenden Person selbst gebildet. Sie sind nämlich die Manifestation von sehr negativen Gefühlen, die gleichsam im Laufe der Zeit ausgeschwitzt werden und an der Aura der Person kleben bleiben. Das sind in der Tat keine angenehmen Menschen, in beinahe jedem Satz geben sie Abwertungen oder andere üble Vermutungen von sich und vergiften damit den Kontakt zu ihren Mitmenschen. Kaum jemand fühlt sich in ihrer Nähe wohl. Es kann sogar vorkommen, dass diese dunklen Energien versuchen, auf eine andere Person überzuspringen, aber das geschieht sehr selten.

Wie bei beinahe allen schamanischen Interaktionen kommt es auch hier nicht darauf an, eine Energie zu bekämpfen oder zu vertreiben, sondern die Flyer in eine befreite lichtvolle Verwandlung hineinzuführen. Und das gelingt nur durch eine mühsame Umwandlung dieser Energie. Jemand, der einen solchen Flyer gebildet hat, ist dazu naturgemäß nicht eigenständig in der Lage und sollte sich an einen Schamanen wenden.

Parasiten

Ein großes Problem sind Energien, die ich als Parasiten bezeichne, weil sie sich in das System eines Menschen hineindrängen und seinen Charakter beeinflussen können. Das mag sehr fremd klingen, aber interessante Beispiele für ein solches Geschehen sind tatsächlich in der Natur zu finden: Bei der Toxoplasmose sind diese Vorgänge wissenschaftlich bewiesen. In der Tierwelt bilden zum Beispiel Saitenwürmer Eiweißmoleküle, die in das zentrale Nervensystem von Heuschrecken eindringen und die Tiere dazu bringen, sich selbst zu ertränken, weil der Parasit nämlich nur im Wasser überleben kann. Ein anderes Beispiel ist der kleine Leberegel, der verschiedene Wirte durchläuft, bis er schließlich vor der Aufgabe steht, durch von ihm befallene Ameisen in den Magen von Schafen zu gelangen. Dazu verändert er chemisch das Nervensystem der Ameisen dergestalt, dass sie entgegen ihrer Angewohnheit auf die oberen Spitzen von Gräsern klettern, weil sie dort leichter von Schafen gefressen werden können. Es gibt noch zahlreiche ähnliche Forschungsberichte, die diese Vorfälle definitiv bestätigen. Selbst die Biologen sind erstaunt darüber, »dass Parasiten das Verhalten ihrer Wirte effektiv ändern können«.[12] Eine be-

---

12 Sebastian Herrmann: »Herrscher über die Zombies«, Süddeutsche Zeitung vom 8./9. Dezember 2012.

sonders aparte Variante zeigt die Erkenntnis, dass von Toxoplasmose befallene Männchen attraktiver für die Weibchen werden. Sie bekommen nämlich durch die Manipulation des Erregers einen höheren Testosteronspiegel, um sich und zugleich den Neuroparasiten besser fortzupflanzen. Diese Beispiele aus der Zoologie sind sehr beeindruckend und lassen sich in gewisser Weise auch auf die energetische Beeinflussung von Menschen übertragen.

Bei einer schamanischen Behandlung kommt es gelegentlich vor, dass ein Befall mit Parasiten entdeckt wird. Das gilt sowohl für tatsächliche Kleinstlebewesen als auch für die von Menschen erzeugten, »parasitären« Beeinflussungen. Alle zwischenmenschlichen Beziehungen, in denen etwas stattfindet, das salopp als »Gehirnwäsche« bezeichnet wird, sind die Ursache dafür. Dazu gehört zum Beispiel die ideologische Infiltrierung durch totalitäre Systeme, die ihre Bürger derartig verbiegt, dass ihnen nach einiger Zeit das Leben in einem anderen Licht erscheint und sie sich die herrschende Diktatur schönreden. Dazu gehören auch religiöse Indoktrinationen, politische und religiöse Fanatismen und nicht zuletzt sektenartige oder esoterische Gruppierungen, die Menschen in Schuld und Angst versetzen, sodass jedes freiheitliche Denken und Handeln blockiert wird.

Die Schamanen haben vor vielen Tausend Jahren erkannt, wie diese von Menschen gemachten Parasiten die Gedanken und Gefühle ihrer Opfer vergiften können. Und sie haben Methoden entdeckt, die hier Hilfe bringen und die Betroffenen wieder zu ihrer persönlichen Freiheit führen.

Die Tiere des Bösen

Noch ein Thema, das nur in die Hände eines Schamanen gehört, sind die Tiere des Bösen. Er hat nämlich die Fähigkeit, zu erkennen, ob ein Mensch von ihnen belästigt wird. Und er weiß um die Möglichkeiten, ihn davon zu befreien, was keine sehr angenehme Arbeit ist. Ich brauchte lange, um zu erkennen, dass es nur wenige Mittel gegen diese Plage gibt. Einer meiner Patienten beispielsweise, ein erfolgreicher Makler, wurde plötzlich unfähig zu arbeiten. Seine Beschwerden waren so vielfältig, dass sich kein Arzt einen Reim darauf machen konnte. Während einer schamanischen Behandlung entdeckte ich ein ungewöhnlich großes Insekt in seinem Bauchraum, das durch den Neid eines Konkurrenten entstanden war. Als ich ihn davon befreit hatte, schlief er erst einmal vor Erschöpfung ein – und wachte drei Stunden später gesund wieder auf. Es war eine ziemlich spektakuläre Befreiungsaktion, deren Erfolg leider nicht immer garantiert werden kann.

Negative Gedanken und Absichten zeigen sich im Schamanismus häufig in Gestalt von bestimmten Tieren. Zu diesen Tieren des Bösen zählen vor allem Insekten oder Fabelwesen wie der Leviathan, Drachen, Greife oder Basilisken. Gerade die Insekten nehmen in diesem Kontext eine unnatürliche Größe ein, sie sind von dunkler Farbe und haben auffällige Augen. Mit diesen Wesen darf man nur bedacht umgehen, um sie unschädlich zu machen. Falls Sie während einer Meditation oder im Traum ein solches Tier sehen, denken Sie bitte nicht daran, dass es in der Natur doch nützlich ist. Gewiss ist das so, aber hier sind wir in einem anderen Bewusstsein! Die Größe und die Aggressivität dieser Tiere des Bösen sind der Gradmesser ihrer schädlichen Macht. Zu erkennen ist ihr Ansinnen auch an dem heimtückischen Blick ihrer Augen, vor dem einen das Grausen ergreift. Ein Schamane, der mit ihnen zu tun hat und dabei gewinnen möchte, sollte genügend Erfahrung mitbringen und eine Portion an List. Er muss auch den Mut zum Rückzug haben, wenn die Gefahr zu groß wird. Also Hände weg davon, und auf keinen Fall der Illusion erliegen, dass diese Wesen doch ganz einfach zu vernichten seien. Denn auch hier hilft ausschließlich die Umwandlung dieser negativen Geistwesen und nicht deren Zerstörung.

Schamanen haben und hüten ihre Geheimnisse

Viele Fälle habe ich Ihnen genannt, die nur in die Hände der Fachleute gehören. Was genau sie tun, ist Geheimsache und unterliegt im Schamanismus der Verschwiegenheit. Respektieren Sie daher, dass ein Schamane, der auf diesem Gebiet arbeitet, nicht über seine Methoden spricht. Jeder, der sich einmal dazu hinreißen ließ, hat bedauert, diesen Fehler gemacht zu haben. Zwei der Gründe dafür möchte ich hier nennen: Der Erste ist, dass so bei dem Klienten nur Angst erzeugt und dadurch wiederum negative Energie genährt wird. Beides kann eine gelungene Behandlung verderben. Der zweite Grund ist, dass Schamanen solche »Zauberlehrlinge« vermeiden wollen, die flugs und ohne weitere Kenntnisse diese nicht ungefährlichen Techniken mal eben ausprobieren möchten. Daher ist es eine vernünftige Tradition, sie nur an einige wenige oder auch nur an einen einzigen Schüler weiterzugeben. Dennoch denke und hoffe ich, dass ich Ihnen mit diesem Buch einen guten Überblick verschaffen und Ihnen auch einige Maßnahmen an die Hand geben konnte, die Sie selbst – vor allem vorbeugend – ergreifen können.

Nachwort

Der große Philosoph Agrippa von Nettesheim schrieb in seinen »Magischen Werken« aus dem 16. Jahrhundert, dass negative Energie durch vielerlei gebannt werden kann: durch Pflanzenessenzen, Gesänge, Gebete, Räucherungen und Handlungen. Genau das habe ich Ihnen, fünfhundert Jahre später, in diesem Buch angeboten: eine Auswahl unterschiedlicher Möglichkeiten, mit denen Sie sich wie die Schamanen vor psychischen Angriffen und negativer Magie schützen können. Und nicht nur das, je länger und öfter Sie diese Übungen praktizieren, desto zufriedener und glücklicher werden Sie im Leben. Tauchen Sie also ein in den uralten Schatz dieser heilenden Energien.

Literatur

Bates, Brian: »Wyrd. Aus dem Leben eines angelsächsischen Zauberers«, 2004 Darmstadt

Carmichael, Alexander: »Das Kreuz in der Sonne. Altkeltische Sprüche und Gebete«, 1978 München

Climacos, Johannes: »The Ladder Of Divine Ascent«, 2001 Boston, Massachusetts, USA

David-Neel, Alexandra: »Mein Weg durch Himmel und Höllen. Das Abenteuer meines Lebens«, 2004 Frankfurt/Main

dies.: »Heilige und Hexer. Glaube und Aberglaube im Lande des Lamaismus«, 1981 Wiesbaden

FGHU.ch, www.gesund-wohnen.ch

Fortune, Dion: »Selbstverteidigung mit Psi«, 1979 München

Frankl, Victor: »Der Mensch auf der Suche nach Sinn«, 1972 Stuttgart

Friedli, Richard: *Schamanistische Gottesvorstellungen im Christentum Europas* in »Lebendige Seelsorge. Zeitschrift für alle Fragen der Seelsorge«, 1988 Au bei Freiburg

Guardini, Romano: »Berichte über mein Leben«, 1984 Düsseldorf

Hackl, Monnica: »Schamanische Heilung. Therapie an der Wurzel von Krankheit und Trauma«, 2012 München

dies.: »Magische Schilde für Schutz und Heilung«, 2012 München dies.: »Der magische Haushalt. Uralte Zauberkräfte neu entdeckt«, 2004 München

dies.: »Deine Glückssymbole. 111 magische Schutzschilde für Gesundheit, Familie, Wohlbefinden und Glück« 2002 München

dies.: »Hui Chun Gong. Die Verjüngungsübungen der chinesischen Kaiser«, 2009 München

Herrmann, Sebastian: »Herrscher über die Zombies«, Süddeutsche Zeitung 8./9. Dezember 2012, München

Hirigoyen, Marie-France: »Die Masken der Niedertracht. Seelische Gewalt im Alltag, und wie man sich dagegen wehren kann«, 2008 München

Homer: »Odyssee«, Übersetzer und Herausgeber: Voß, Johann Heinrich, 2010 Köln

Hope, Murry: »The Book of Talimantras. Ancient Egyptian Talismanic Symbols and Mantras«, 1986 London

dies.: »The Lion People«, 1988 London

Hostert, Alexandra: »Tod durch Ertrinken. Wie ein Parasit Heuschrecken in den Selbstmord treibt«, Süddeutsche Zeitung, 6. September 2005, München

Leyen, Eugenie von der: »Meine Gespräche mit Armen Seelen«, 1991 Stein am Rhein

Krause, Wolfgang: »Runen«, Sammlung Göschen, de Gruyter, 1993 Berlin/New York

Maurey, Eugene: »Exorcism, How to Clear at a Distance a Spirit Possessed Person«, 1988 West Chester, Pennsylvania, USA

McAll, Kenneth: »Healing The Family Tree«, 1989 London

Milanowski, Thomas: »Die magischen Körper. Geistübungen Chinas und deren Verbindung zum Schamanismus«, 2004 Uelzen

Nettesheim, Agrippa von: »Magische Werke«, 1997 Wiesbaden